WAC BUNKO

ソニーを創ったもうひとりの男

岩間和夫四代目社長

大朏博善

WAC

ソニーを創ったもうひとりの男

岩間和夫 四代目社長

◉目次

第3章 未知のものをモノにする

装幀／須川貴弘（ＷＡＣ装幀室）
写真提供／ソニー株式会社

プロローグ

敗戦後の長い期間、〝戦後企業の雄〟といわれ続けてきたソニー株式会社も、令和六（二〇二四）年の五月七日に創立七十八周年を迎えた。

敗戦ですべてを失った廃墟の中に生まれた、ちっぽけとしかいいようのなかった会社が、戦後日本の産業スタイルに大きな影響を与えた。そして、いまやイメージセンサーの世界シェア四五％を占め、ゲームや映画、金融に進出し、売上げ十三兆円超のグローバル企業に成長した。

そうなるのに〝じゅうぶんな時間〟があったというわけではない。時間は慌しく去って行った。だが、時間の経過の中で流し去るには、あまりに惜しい歴史もある。

たとえば、グローバル企業ソニーの礎を作り、日本を超一流の経済国へと牽引していった、〝二人のファウンダー〟井深大と盛田昭夫に並ぶべき、「ソニーを作った第三の男」の存在である。

＊　＊

ＪＲ横須賀線の鎌倉駅から、山側に向かって十分ほど車を走らせると、緩やかな谷間に広がる墓苑が見えてくる。

日当たりの良い斜面の途中に、その人の墓地はあった。

区画一面に敷き詰められた真っ白な砕石と、その奥に立つ黒御影石造りの墓標。よく見かける墓石とは異なる横長の姿で、律儀なほどに四角い表には「和」「岩間」とだけ刻まれている。

日本を代表する企業の社長だった人物だけに、ありがちな大規模で華美な墓という勝手な予想を、見事に裏切る簡素で端正な作りであった。

だが同時に、この主を良く知る人たちの目には、素っ気ないまでの佇まいと厳格さが、故人のイメージそのままに見えるに違いないと、私には思えた。

そんな墓標を見つめていると、不思議な特徴があることに気づく。なんと、墓石裏面の右肩にあたる部分に、小さな半導体チップが貼り付けられている。

ここ数年間で爆発的に普及した半導体のＣＣＤ（電荷結合素子）。デジタル・カメラやビデオ・カメラの〝電子の眼〟として欠かせない撮像素子である。

もちろん、悪戯などで貼られたものとは訳が違う。ここに眠る人物が世に残した偉大な業績のひとつがこのCCDの実用化開発で、彼なしには現在のような「光エレクトロニクス」時代がいつ来たか分からない、とまでいわれる。そうした業績の象徴として、事業を継ぐ者たちから天国の彼へと送られたCCDの実物なのである。

ソニーの第四代目社長であり、ソニー最高の技術者であった岩間和夫――。

同社の創業者として、あまりにも有名な井深大、盛田昭夫とともに、「技術のソニー」を世界的存在にまで育て上げた男である。

終戦間もない昭和二十一（一九四六）年六月、設立一カ月目の東京通信工業（ソニーの前身）に参加。同社の出発点となったテープレコーダー開発を手始めに、トランジスタを出発点とする半導体開発の先頭に立ち続ける。常にソニー経営陣の一角を占めながら、最後までトップエンジニアでもあった。

初代・前田多門、第二代・井深大、第三代・盛田昭夫に続いて昭和五十一年一月、ソニーの第四代社長に就任したものの、六年半後の五十七年八月に現役社長のまま、六三歳という若さで一生を終えてしまった。

名実ともに、井深、盛田に次ぐ〝ソニー第三の男〟〝三人目のファウンダー〟なのだが、彼ら二人の存在感と比べてみたとき、岩間の知名度は決して高いとはいえない。それどころか、一般人が記憶するソニー歴代社長リストからも脱落しかねないほど、実績と比べると極めて不満足な記録や記憶しか世に残されていないのが実状である。

岩間に関する世間的な知名度がいまひとつ低い理由が、彼が会長を経験する前に世を去ったという事実、であるのは間違いないだろう。

彼より前に社長の椅子に就いた井深と盛田、彼の後の大賀典雄や出井伸之、いずれも社長から会長へと昇り詰めるなかでカリスマ性に磨きをかけている。岩間にはその時間が与えられなかったのだから、知名度が低いのも仕方なかろう。

だが、それだけではない点もある。敢えていうならば、ソニーを代表する経営者の一人でありながら、外の眼から見て〝最もソニーらしからぬ人〟であった。

「岩間さんは、徹底的に技術の基礎にこだわった人でした。技術の本質は何か、将来の技術はどうなるのか、基本を見つめる努力を欠かさなかった。技術の王道を見極める能力が高い人でした」

ソニーOBに、岩間評を一言でいうと？　と問うと、必ずといってよいほど、こうした答えが返ってくる。

「エンジニアにとっては神様だ」とまでいうOBも珍しくない。逆にいえば、常に技術にこだわっただけに、華やかさや派手さといったアピール力とは対極にいる人だった。

ソニーに関して一般人が持っているイメージを一言でいえば「クリエイティブな商品企画で突出してきた会社」だろう。

実際、井深は「人がやらないことをやる、他が実現できない夢をかなえる男」であった。

岩間の墓標には半導体チップが貼られている

そして盛田は、その井深の夢を世界中に広げるためのアイデアとマーケティングに、誰よりも秀でた力を発揮してきた。

ソニーのキャッチフレーズの一つである「技術のソニー」にしても、井深・盛田コンビの特徴を色濃く反映したユニークな製品を作る技術、といった文脈の中で理解されてきたといえる。ソニーという会社自体が、二人の華やかなイメージを商品イメージとダブらせることで、ビジネスの展開力を得た時期が長かったのも間違いない。

しかし、とOBエンジニアの説明は続く。

「井深さんと盛田さんが熱望するユニークな製品を実現するためには、メーカーである以上、基盤となる技術力が欠かせない。そして高性能のベーシック・デバイスを作るには基礎的な生産能力が欠かせない。こうした基礎技術やプロセス技術の部門は、もっぱら岩間さんが背負ってきた。だからエンジニアにとって岩間さんは、オヤジであり神様でもあったのですが、外部からは井深さん盛田さんの陰に隠れて見え難かったのでしょう」

もちろん井深にしても盛田にしても、岩間がそうした存在でいたからこそ、ソニーが「自由闊達にして愉快なる理想工場」「最高の技術を確立し家庭用商品に応用」(設立趣意書)して、創造的な活動を続けられたことをじゅうぶん認識していた。

昭和五十七年九月四日に行われた岩間の告別式で、葬儀委員長を務めた井深は、弔辞の中で次のような言葉を彼に贈っている。

「三十六年、およそ自分を誇示することの嫌いだったあなたのことですから、あまり派手ではありませんでしたが、ソニーの歴史のどの部門にもあなたが登場しない場面はありませんでした。人と同じ道を歩むまいと考えていた私は随分色々と勝手な思い付き、注文を出しました。あなたはそのすべてを完全に実行し、ソニーのものにしきって今日のソニーを築いたのです」

また盛田からみた岩間は、妹の夫であることから年上の義弟という存在になる。

社内報の追悼号への寄稿では、東大地震研究所の研究者から盛田の懇請にしたがって「明日をも知れぬ小さな会社に移った」岩間の決心に改めて感謝しながら次のように述べている。

「三十六年あまり、岩間さんは、井深さんや私のいうことを地道に、真面目に、辛抱強く実行してくれる人でした。人を信じ、人を許し、人を愛し、おおらかでありながら極めて細心緻密、誰からも愛され慕われる人柄であったことは、会社の皆さんも同感であると信じます」

こうした岩間の性格と仕事ぶりを示す格好のエピソードが、彼の墓標に添えられたCCDなのである。

この技術の基本となるアイデアが誕生したのは、例によってというべきだろうアメリカの研究所で、ベル電話研究所のボイルとスミスによって昭和四十五年に公表されている。

ごく簡単にいえば、
1. シリコンに光が当たるとプラス・マイナスの電荷が生まれる
2. その電荷（電子）を一定時間蓄えることができる
3. さらに電子は一定方向に送ることが可能
　以上三点がポイントだ。

　この発明は『ベルシステム・ジャーナル』一九七〇年四月号によって世界中に伝わり、日本のエレクトロニクス関係者の間でもちょっとした騒ぎとなった。

ベル研の発明は「CCDの概念」を明らかにしたもので、「CCDというデバイス」を作り上げるまでには到っていない。産業技術としては、これからが開発力の勝負となる。

半導体技術を持つメーカーは競って開発研究をスタートさせ、ベル研の成果を確認するだけでなく、製品化第一号の栄誉をめざすことになった。

　しかし、数ミリ角のチップ上に明瞭な映像を捉え、数万〜数百万の画素の集まりとして電気信号化するという技術は、ベル研のように理屈で分かったとしてもメカニズム化は極めて難しい。

　シリコン上のミクロン単位の面積を相手に、光に対する電気的感度をどの程度まで上げられるか。光を捉えたとしても、信号がドロップしてしまうような微小な欠陥がないか、逆に溢れ出て画像を台無しにしてしまうのを防ぐ方法は、といった基本的な技術をクリアしたうえで、じつに緻密な技術を積み上げていかねばならない。

CCDを手掛けた大半のメーカーが二、三年で開発を断念し、基本的現象の発明者となったベル研でさえ、民生品の開発にまで至らないままとなった。

そんな中、最初に実用化に成功したのがソニーで、昭和五十一年六月に一機種、七月にもう一機種と最初の3CCD搭載カラーカメラ試作機二種を完成し、翌年に発表している。五十三年三月にはワンチップ十一万画素の3CCD搭載カラーカメラの開発にこぎつけた。

この技術が、平成元年発売の「ハンディカムCCD-TR-55」の爆発的ヒットにつながり、現在のようなコンパクトビデオカメラ、さらにはデジタルカメラ全盛時代を迎えるきっかけを作った。携帯電話用カメラ、コピー・FAXなどに搭載されている「眼」もCCDである。

それにしても、なぜソニーが戦前からの大メーカーを抑えてトップランナーとなりえたのか。ここに、岩間の技術に対する哲学があった。

CCD開発が正式プロジェクトとしてスタートした昭和四十八年当時、岩間は副社長であったが中央研究所の所長を兼任していた。そして開発チームのメンバーに向かって「五年以内に五万円のCCDカメラを売り出す」と具体的だが、ゼロからの発進だけに実現不可能としか思えない開発目標を示している。

ところがその一方で、「CCDのために開発をやるんじゃない」とナゾのような言葉を吐くことも多かった。そういう彼の本音は「ソニーの半導体を生き返らせるためのプロジェクト」である。

じつのところCCD開発に向かった頃のソニーは、トランジスタ技術のトップランナーだった頃の面影も消えかけ、IC時代に入った半導体技術では他社の後塵を拝している状態だった。詳しい内容は改めて取り上げるが、CMOSと呼ばれるタイプの新型半導体で完全に出遅れるなど、他メーカーが進めている技術へのキャッチアップはかなり難しい状態であった。

それならばCMOSを飛ばして、もうひとつ先の未知の半導体技術であるCCDの開発だと、岩間は決心したというわけである。

新規の技術開発には当然のことに不確定な要素が多いし、なによりも開発成功の保証などあるはずがないから、開発スケジュールや投下資金の見極めが難しい。もし失敗すれば社内での責任問題に発展しかねないのも目に見えている。そのため一般的に、新規技術の開発研究に手をつけるのはギャンブルに譬えられたりするのだが、岩間は動じなかった。なかなか進展しない開発に、社内からカネ食い虫的だとの非難があるのをじゅうぶん知ったうえで、「元が取れるのは二十一世紀になってから」と平然としていた。

それでいて、さすがに五年で開発という目標こそ実現しなかったが、前述のように六年目に一応の成果を出してみせている。

これによって、ソニーの半導体事業が完全復活したのはもちろんだが、CCDというかつてないデバイスを世の中に送り出す、社会的な偉業を果たすこととなった。岩間の後を継いだ第五代社長の大賀によって岩間の墓標に貼られた小さなチップは、こうした重い意味を持っているのである。

ところで、岩間の〝半導体へのこだわり〟はずっと

トランジスタを試作する岩間

古くからあり、東京通信工業時代の昭和二十七年にまで遡る。

先に岩間の告別式における井深の弔辞の一部を紹介した。岩間は、井深の注文を完全に実行してソニーのものにしてきたと述べているが、その続きはこうだ。

「一番顕著な例はトランジスタ・ラジオから始まります。昭和二十七年、私は初めてアメリカへ行き、トランジスタの特許をウェスタン（エレクトリック）が許すことを知って帰ってきました。

日本でもまったく初めての、トランジスタを誰が手をつけてくれるかと相談したとき、テープレコーダーの製造を担当していて一番忙しかったあなたは真っ先に賛成してくれ、有志を集めて時間外にトランジスタの猛勉強を一年余にもわたってやってくれました。

昭和二十九年、二人で初めてウェスタンの工場に行ったとき、あなたはひとかどのトランジスタの専門家になりきっていて私を驚かせました。

すべての事について私は注文を出すだけで、あなたは自分が納得いくまで理論づけをし、それから社内の人材をうまく集めて、技術開発から生産まで持っていってくれました。そのうちそれがソニーのしきたりにまでなってしまいました」

これでも分かるように、トランジスタの歴史は実質的にソニー製トランジスタ・ラジオ

岩間は、井深（中央）、盛田（左）に続き第4代社長に就任

から始まる。

昭和二十二年にベル電話研究所で発明されたトランジスタは、誕生からしばらくの間は極めて脆弱で性能も低く、アメリカでもせいぜい補聴器の増幅用パーツとして利用できる程度との評価であった。

そんな時代に「トランジスタ・ラジオを作る」と言い出したのが井深だった。

当時、ラジオといえば真空管を使った据え置き式が常識で、ミニチュア管を使ったポータブル・ラジオがあるにはあったが、サイズが大きいうえに電池がすぐ消耗してしまうため、便利とはいいがたかった。

人真似をしないことをモットーとする

井深は、ラジオそのものには魅力を感じていなかったが、トランジスタという技術によってまったく新しい、真の意味でのポータブル・ラジオができると直感した。

それを敏感に察知したのが岩間で、井深が語っているように自ら志願して、知識ゼロの状態から勉強をスタートする。特許を買ったといっても、トランジスタの作動メカニズムの利用が許される程度の基本特許契約だから、製造装置の自作から始めねばならない。

そんな状況のなかで、ラジオ製作が可能な高周波を扱えるトランジスタの開発に成功する。

トランジスタ・ラジオ第一号の栄誉こそアメリカのリージェンシー社に奪われたが、昭和三十年にはTR-52型の試作が完成、同年TR-55型を発売。それ以来、トランジスタといえばソニーの代名詞とまでいわれる時代が続くことになる。

トランジスタ・テレビの開発に先立って、トランジスタの素材をゲルマニウムからシリコンに代えて高温での特性を良くしたのもソニーが最初。トリニトロンを生むための前段となる技術であった。

ちなみに、こうしたソニーのトランジスタ技術を日本の電気メーカー各社が必死で追ったことで、日本は「トランジスタのセールスマンの国」と揶揄《やゆ》まじりに評されるまでの技術国となる。

敗戦後のゼロどころかマイナスから起き上がった日本が、エレクトロニクス大国として歩み出すきっかけとなった。後にＩＣ製造において半導体王国を作りあげるための技術基盤が、トランジスタ開発によって築かれたのである。

岩間はソニーにおいて、こうした半導体技術開発の先頭に立ち続け、ＩＣの時代に入っても方向を見定めてきた。

「意外に思われるかもしれませんが、井深さんは六〇年代に入ってもＩＣをあまり評価していませんでした。『ＩＣ事業は絶対にやるな』といっていたくらいなのです」

と打ち明けるソニーＯＢは珍しくない。

そんな中で、ソニーにとって半導体は不可欠と確信する岩間はどうしたか。

「そうはいっても技術の流れを考えればＩＣを無視できるはずがない。そこで岩間さんは『オレが責任を持つから開発研究をやれ。製品を作るわけではないからいいんだ』と半導体開発部を作ってしまったのです。井深さんは、他人のやっていることを真似するのが嫌いで、他人が思いつかないことが好きなのだから、既存の特許に引っかからない技術を発明すればいいんだ、という解釈で押し通したりしていました」

さらに意外なことに、井深はデジタル技術に対しても好感を持っていなかったといわれる。

昭和三十年代後半にソニーはトランジスタ計算機を開発し、昭和四十二年から「ソバックス」の名で発売を開始した。しかし、電卓市場に多数の日本メーカーが参入して混乱が始まるや、井深の一言で撤退が決まる。

これに同意した盛田は後に「技術を予見する力がなかった」と悔いたと伝えられる。このときデジタル技術を習得していたら、パソコン時代に入ったとき役に立ったに違いない、というわけだ。実際、電卓市場からの撤退によって、このときに育ちかけたデジタル技術のエンジニアが研究テーマを見失ってしまうという事態に陥り、ソニーの半導体部門は勢いを失いかける。

話が前後して恐縮だが、これが前述したCCD開発に着手する前夜の「半導体技術において他社の後塵を拝している」時期。岩間がソニー・アメリカの社長として、日本を留守にしていた時期に重なる。

そして次期社長含みで本社の副社長として戻ってきた彼が、半導体技術を復興するために押し進めたのがCCDの開発、ということになるのだ。

こうして見てくると、岩間が技術開発の現場にいたからこそ現在のソニーがある、という歴史が理解できるはずだ。

それも決して独走することなく、井深と盛田のアイデアや夢を自分が育てた技術によって具体的な形にする、というスタンスを崩さなかった。

こうした能力と努力によってソニーがソニーらしくなったのだから、まさに岩間和夫は〝ソニー第三の男〟なのである。いったい彼は何を信じ、どんな夢を見ながら走り続けたのだろうか。

第1章

ソニー誕生の不思議な縁

盛田昭夫と岩間和夫は幼なじみ

昭和五十七（一九八二）年九月四日、東京の築地本願寺は朝から雨だった。

六百余名の会葬者が見守るなか、葬儀委員長が遺影に向かって弔辞を読み始めた。

「岩間君、私より十歳も若いあなたに今亡くなられてしまって、私はあせりと胸に大きな穴がぽっかりあいたような虚脱感におそわれています。今ここでよそ行きの弔辞を読み上げる気にはどうしてもなれません。許して下さい」

葬儀委員長はソニー名誉会長の井深大で、岩間君と呼びかけられた故人はソニー社長のまま亡くなった岩間和夫（享年六十三）である。

井深は、走馬灯のように色々な事が頭に浮かんできます、との言葉でつないだ後で、ソニーの前身である東京通信工業株式会社を、終戦直後の昭和二十一年に設立した頃の思い出として語り始めた。

「ソニーが誕生するかしないかという時、今の盛田（昭夫）会長が、この男を仲間に加えて欲しいがと初めて私に紹介されたのが、三十六年前のあなたでした。

復員して東大の地震研究所に在籍し、地震学者として将来を約束されていたあなたが、海のものとも山のものとも分からない町工場の東京通信工業になぜ飛び込んできたのか。今さら質問するのもと思って、私には長い間の疑問でした。

お通夜の席で長兄正男さんから、悩み抜いたすえ、交通不便の中を長兄の勤務先の九州まで訪ねて、相談のうえ一大決心をされたのだと伺いました。

その頃、あなたは幼なじみの最愛の伴侶、菊子さんを得て新しい人生に踏み出されたのでした。

以来三十六年、およそ自分を誇示することの嫌いだった貴方のことですから、あまり派手ではありませんでしたが、ソニーの歴史のどの部門にもあなたが登場しない場面はありませんでした。

人と同じ道を歩むまいと考えていた私は、随分色々と勝手な思い付き、注文を出しました。あなたはその総てを完全に実行し、ソニーのものにしきって今日のソニーを築いたのです……」

名古屋市のシンボルともなっている金の鯱が、日の光を受けて見事なまでに輝く名古屋城から、直線距離にしておよそ二キロメートルほど離れた所に、かつて白壁町と称された一帯がある。

第二次大戦の前までは、トヨタ自動車の社長を務めた豊田利三郎、トヨタの大番頭といわれた石田退三などが居を構えていた。いまでも、この角地には連隊長の大きな公邸があって宮様が住んでいたことがあってねえ、と散歩中の老人が話しかけてくる地域だ。

現在でもその一部が「白壁通り」と呼ばれるように、戦火を逃れて残る漆喰塗りの白土塀が並ぶ閑静な地区で、名古屋観光の目玉の一つにもなっている。

もともと尾張藩の武家屋敷町として開発された地域だけあって、各戸とも広大な敷地を有していて、昔ながらの外塀の内部をのぞき込むと、真新しいマンションや料亭などの大型建造物が見えることも珍しくない。

このような場所に、井深大と並んでいまソニー・ファウンダーと呼ばれる盛田昭夫が育った屋敷があった。

よく知られているように盛田昭夫の生家は由緒ある造り酒屋で、昭夫は大正十(一九二一)年に四人兄弟の長男として生まれている。

その盛田家から一軒置いた隣人として育ったのが、盛田昭夫より二歳年上の岩間和夫である。新右衛門・すまの間に生まれた九人兄弟の八番目で、五男にあたる。

「古くからの御屋敷町だけに本当に静かな場所だったから、我々が子供の頃は皆が、家の前の道に出てはワイワイ一緒に遊んでいたものです」

昭和11年（1936）当時の岩間・盛田兄弟。左から八高生の岩間（17歳）、愛知一中生の盛田昭夫（15歳）、昭夫の妹菊子（のち岩間夫人）、昭夫の弟・正明（9歳）

このように当時を振り返って話すのは盛田正明である。盛田昭夫の末弟で、東京工業大学を卒業してソニーに入社、専務、副社長として8ミリビデオの開発からビジネス立ち上げまでを担当した後、ソニー・アメリカ会長、ソニー・ケミカル会長、ソニー生命保険会長などソニーグループの要職を歴任してきた。

その盛田正明が、幼少の頃を思い出しながら話す〝我々子供〟の中には、盛田兄弟だけでなく岩間兄弟も含まれていた。

「盛田の家と岩間の家は一軒置いた隣同士だったもので、小さい時からまるで兄弟・姉妹のように育ちました。末弟の私だけが昭和生まれなので、よく皆から（幼過ぎると）バカにされたものです」

詳しくいえば、五男である岩間和夫は大正八年の二月七日生まれで、盛田兄弟の長兄である昭夫は大正十年の一月二十六日生まれ。したがって岩間兄弟の後に盛田兄弟が続く形となり、まるで大家族の子供たちに見えたという。

盛田正明が話を続ける。

「小中学生の頃など、学校を終えた皆がいつの間にか道に集まってワイワイ騒いでいる。そのうち、どちらかの家に雪崩込んで遊ぶ、といった毎日でした。盛田の家にも岩間の家にもテニスコートがあったから、そこでテニスの真似事を皆でしてみたり。もうどっちの兄弟かの区別もつかないほどでしたね」

ところが、岩間和夫が愛知一中の二年生のとき、父親・新右衛門が急病で死去する。その一年数カ月後には、母親・すまも後を追うように亡くなり、未成年の兄弟は両親を失ってしまった。

残された子供たちの日常は、岩間家に古くから住み込みで働いていた乳母の手に委ねられる。

「そのようなことから、盛田の両親が彼らの親代わりとなって、本当の子供に対するような心配りを見せたものでした。ですから年下の私や姉の菊子にとって、岩間兄弟は本当の兄のような存在でもありましたね」

長兄・盛田昭夫の妹であり、末弟・正明にとっては姉となる、盛田家の一人娘の菊子こそが、井深大が弔辞のなかで述べた岩間和夫の妻となった人である。

その岩間菊子に改めて、岩間和夫と出会った時の第一印象を聞くと、

「なにしろ小学校に上がる前からの幼なじみですから、主人との出会いの第一印象は？と聞かれても思い出しようがないですね。彼の妹が私と同じ女学院に通っていて、毎朝、誘い合って登校したり遊んだりと、家族同然のわけですからね。二人が結婚することになったのも、ごく自然にそうなった、ということですよ」

ちなみに、岩間和夫と盛田菊子の二人が、井深大の媒酌によって結婚式を挙げることになるのは、これも井深大の言葉にあるように、ちょうどソニーの前身である東京通信工業が設立された年のその月、昭和二十一年五月のことであった。

「欺瞞体」の開発

岩間和夫は、愛知一中から最後のナンバー・スクールとして有名な旧制・第八高等学校（現在の名古屋大学教養部）に進学する。

そして、ここでバレーボールに出会う。後に八高排球部史『剣ヶ森の血脈』に寄稿した岩間自身の述懐によれば、

「私は元来スポーツ好きでしたが、愛知一中在学以来、身体も頑健でないこともあって運動らしい運動もせず、八高に入ってもぶらぶらしておりましたところ、実兄竜夫がたまたまバレー部の出身で、私に入部を熱心にすすめ、御世話になることになった次第であります」

上級生中心のチームではインターハイ優勝を経験し、岩間たちも「及ばずながら大いに練習に励んだ」のだが、

「インターハイで優勝することは当然の義務のように思われた状況の中で、先輩達の激励にも拘らず、三高に敗れ、吉田山で無念の涙にくれたわけです」

このような高校生活を満喫した後、東京帝国大学理学部に入学する。「漸く戦時色が日一日と濃く」（『剣ヶ森の血脈』）なった昭和十五年のことであった。

生活の本拠が名古屋から東京に移ったあとも、盛田家との親交が切れたわけではない。それどころか盛田昭夫の手記によれば、

「秀才兄弟として聞こえた岩間兄弟の後を追って、私自身も同じ愛知一中、同じ第八高等学校へ進むことができました。八高を卒えて東大に進んだ岩間兄弟をたよって、東京へ遊びに出るのが私の中学、高校時代の大きな楽しみでした」（ソニー『岩間さんを偲ぶ』）

東京帝大で岩間は地球物理を専攻し、地磁気などの研究分野を専攻した。クラスメートだった地震学者の力武常次（東京大学名誉教授・平成十六年没）が、当時の様子をこう語ってくれた。

「我々が入学した時には地震学科という名称で学生は四人。募集五人に対して受験者も五人で、そのうち四人が合格したという話でした」

入学の翌年には地球物理学科と名前が変わって、定員も十名に増えたのだが、

「当時は、地震学を専攻しようという人そのものが少なかった。研究の対象は、地震や火山といった地球に起きる現象の全般。たとえば磁力計で地球磁気を測るなど、計器を使っ

た観測なども行うのですが、岩間君は静かに真面目に取り組んでいた、という印象が残っています」

同じく同級生だった明石和彦は、岩間の葬儀で次のような内容の弔辞を読んでいる。

「学生時代の岩間君はキリッとした体格で運動神経も発達しておりまして、野球ではずばぬけた腕前を発揮し学内対抗でメンバーの少ない地球物理学科に優勝をもたらし、また一方では将棋も強く無級でありながら、有段者を負かせておりました。勉学の方でも函数論の輪講をクラス内でやるなど行動的でした」

本来なら学業期間は三年間なのだが、戦時下という非常時とあって二年半に短縮され、昭和十七年九月に卒業する。卒業論文は「富士山の地磁気観測」であった。同時に東京帝大の地震研究所に入所するのだが、実際には身分が定まっただけのことだという。

「卒業とともに、我々は〝短期現役〟として海軍に招集されることになり、海軍技術見習尉官として中国の青島で訓練を受けることになりました。青島一期第七中隊に所属して、四カ月ほどの短期間で海軍士官として日本に戻ったのですが、結局二年間では招集解除にならず、(昭和十九年五月に海軍技術大尉に任ぜられ)終戦まで海軍にいました」

こう話す力武の記憶によれば、

「岩間君の所属は横須賀にあった海軍工廠航海実験部で、高層気象の観測器の研究をしていました。その関係で、レーダーの欺瞞体について司令長官に呼ばれ、説明に行ったこともあるはずです」

欺瞞体とは、アメリカ軍が発射するレーダー電波を攪乱するための反射体のことで、海軍省からの命令として岩間まで降りてきたプロジェクトであった。

この当時の様子を、軍属として同じ研究室に属していた稲葉元志が、前出の『岩間さんを偲ぶ』に寄せた追悼文の中で具体的に述べている。

「この研究室（高層気象研究室）は全員が軍属だったので軍人としての堅苦しさもなかったことと、若さと茶目っ気があふれていることも重なってか毎朝のように研究室に入ると(岩間は）軍服を脱ぎ捨て、裸足になり『稲葉やるゾ』といっては相撲の相手をさせられたことが本当に昨日のように感じられます」

そして日常の仕事の内容と岩間の研究者としての能力について、こう続ける。

「私は助手として毎日二人で超短波無線機でラジオゾンデを気球に係留して大気中に飛ばし、地上から一万メートル以上の大気の風向と風速を測定する無線機の研究開発を行っていました。

特に八木アンテナやタブレットアンテナの開発設計に関しては、当時電波を用いた機器の研究者としては日本でも数少ない研究者として、今でも当時の技術の高かったことに尊敬しております」

しかし戦時とあって、高層気象機器の研究に関する部分の実績を買われたのだろう、岩間に達せられた研究命令が「欺瞞体」の開発であったというわけだ。

稲葉が解説するところによれば、

「米軍から発射されるレーダーに対して海上では艦隊と見せ、大気中では飛行群としてキャッチさせる欺瞞体でした。飛行機用としては、高射砲の弾丸の中に無数の金属片や波長に同調したスケール板を入れて空中で炸裂させます。すると大気中に浮遊した金属片はレーダー電波を反射するため、あたかも飛行群に見えるわけです。また、艦隊の反射体としては、錫泊を用いて海上に無数の反射体を係留する方法を考案しました」

実験は成功し、この反射体は太平洋上の作戦において各所で用いられた、と稲葉は聞かされている。

特に語り継がれているのが「キスカ島撤退作戦」への寄与であるといわれる。

昭和十八年、それまで北太平洋のアリューシャン列島に展開していた日本軍は、アメリカ・カナダ連合軍による激しい反撃に晒《さら》されるようになる。五月にはアッツ島の守備隊が全滅、八月には連合軍によるキスカ島上陸作戦が強行された。

ところが、米軍が上陸したとき島に残っていたのは〝犬二匹だけ〟といわれるほど、日本軍五千名がきれいに撤退した後であった。

この戦史上でも評判の高い「キスカ島撤退作戦」が成功した陰には、米軍レーダーを完全に攪乱させることで撤退の時間を作り出した「レーダー欺瞞体」の存在があるのだといわれる。

昭和20年（1945）、26歳の岩間。海軍技術大尉として終戦を迎えた

これが岩間和夫の業績であると信じるに足るエピソードを、稲葉が自分の体験談として『岩間さんを偲ぶ』の中で紹介している。

「横須賀鎮守府の司令長官・古賀元帥は私たちの研究室に来られ、岩間さんにお言葉をかけられましたが、その時のお喜びは当時の海軍技術士官として最高の光栄だったと思います」

このような環境の中で、海軍技術大尉として終戦を迎える。

「王道を往く」人

「そこで我々は東大の地震研究所に戻ったのですが、岩間さんは水上武という火山研究の大家の下で研究を続けることになりました。浅間山などの活動に関する研究を始めたわけです」(前出・力武)

火山現象の観測のため自炊しながら数カ月にわたって山に籠もる、といった生活の連続である。

「学生時代から通算すると、研究のために日本中の火山すべてを登った」

と岩間自身が語るほど、改めて研究に没頭しつつあった。

そして前述のように昭和二十一年の五月二十六日、名古屋で岩間和夫と盛田菊子が結婚式を挙げる。

この日は東京通信工業が発足して二十日目のことで、盛田一家・岩間兄弟と並んで、唯一の第三者として井深大の姿もそこにあった。その時の様子を盛田昭夫は、このように書き残している。

「井深さんが、親戚以外唯一人の来賓として名古屋での婚儀に加わって下さいました。終戦一年足らずで、本当に簡素な祝いでした。誕生間もない我が社に、翌月から参加を決心した和夫さんのため、当時の厳しい交通事情をおしての井深さんの出席に、私達は感激したのでした」(『岩間さんを偲ぶ』)

終戦、結婚、そして学者から事業家への転身。目まぐるしく変化する環境を、岩間はどう捉えていたのだろうか。

岩間菊子から聞いたところによると、岩間和夫の転身を熱心に勧めたのは盛田兄弟の父・久左エ門だったという。

「父が岩間を家に呼んで、『大学の先生になっても食べて行けないし、教授になるといってもも椅子の数は限られているから、本人が努力すればなれるというものでもないだろう』と説いていました。

終戦直後のことですから、世の中すべてが生活して行くのに精一杯で、どうせなら新しい事業に挑戦してみるのもいいじゃないか、といったような意味だったのでしょう。彼にも、電気関係をやりたいと望んだ感じがありましたしね」

菊子としては自分の夫のことだけに、あまり大袈裟に捉えてほしくないとの気遣いから、こうした表現になったに違いない。

実際の心境としては、「地震研究者として学究の途を進もうとした彼にとって、出来たばかりの町工場に飛び込むことは、人生の大問題であったのは当然」(『岩間さんを偲ぶ』より盛田昭夫手記)というべきだろう。

その時に彼が何を思ったのか、聞いた人がいないし、改めて聞くすべもない。が、盛田正明のこんな言葉が、岩間の決心を知る手掛かりになるかもしれない。

「岩間さんという人は、若い頃から『王道を往く』という表現がピッタリの人でした。とにかく、行くべき道を静かに見据えて、少々のことには慌てず騒がず、真っ直ぐに堂々と歩く。そして、それが決して間違わない。

日常的な例でいえば、車に乗っていて道路が少々混んでも悠然としていて、進むべき道筋に関して運転手に何もいわない。通るべき道を通れば良いのだ、ということでしょう。これが私の兄貴・昭夫の場合だと、細々と指図しながら、少しでも目的地に早く着くために苦労するところなのですが……(笑)」

盛田昭夫自身も述べているように、年齢こそ二歳異なるものの、岩間と盛田の終戦までの足跡はじつによく似ている。

愛知一中から第八高等学校に進んだ盛田は、当時の日本で最も新しい理学部であるとの理由から、大阪帝国大学の理学部に入学する。

家業の醸造業「盛田」を継ぐ立場にあったのだが、「私にとっての最大の関心事は、自然界のさまざまな現象がどうして起こるのかということであった」（盛田昭夫『メイド・イン・ジャパン』）

大学二年生の時に海軍の委託学生という制度に志願し、身分は職業軍人ではあるが、大学に通って物理の勉強を続けることができる道を選ぶ。

ところが、戦況が厳しくなった昭和十九年に航空技術廠の勤務を命じられる。熱線誘導兵器と暗視照準装置を研究するための部で、三浦半島の逗子に研究所があった。そして、盛田はここで終戦を迎えることになる。

つまり、岩間和夫と盛田昭夫はほぼ同じ場所・ほぼ同じ環境に育ち、やはり同じように「自然現象を研究対象にする科学」を愛しながら、それでいて戦争という「科学・技術を戦いの道具として考えざるをえない場」に立ち会うという数奇な運命をも共有している。

そうなれば、単なる〝幼なじみ〟といった関係を超えて、戦後という新しい時代を切り開くために一緒に歩こうと考えたとして、まったく不思議ではない。

その上、盛田正明が語るように、一方が「細々《こまごま》したことを細心の観察と心配りで切り開くタイプ」、他方が「王道を求めて悠然と行くタイプ」ならば、これ以上のパートナー関係はない、ともいえるのではないか。

そんな二人は、互いをどのような対象として捉えるものなのだろうか。取材中に興味深い話を聞いた。

「盛田さんは中年をすぎてからスキーやテニスを始めたことで知られているのですが」と話すのは、盛田昭夫のテニスパートナーをつとめてきたソニーのベテラン・エンジニアである。

「盛田昭夫さんが五十五歳になったとき『若い時からテニスをやっておけばよかった』と後悔するのを聞いたことがある。岩間さんが学年としては一年上でテニスが上手だったものだから、負けず嫌いの昭夫さんとしては手を出せないまま歳を取ってしまった、というわけです。盛田正明さんは七歳上の岩間さんに素直に教わったおかけで巧いテニスをするんですけどね」

幼馴染みでもあるし公私にわたってライバル関係でもある、なんともうらやましい関係というしかあるまい。

そうなれば、ここで急ぎ紹介する必要があるのは何といっても、東京通信工業つまりソニー創設の中心となった井深大の当時の姿である。

ソニー誕生の序曲

井深大は明治四十一（一九〇八）年四月十一日、栃木県日光町の生まれで、盛田昭夫からみると十三歳年上、岩間和夫（大正八年）にとっては十一歳年上となる。

井深も幼い頃からの科学技術好きで、時計を見ると分解したがることから「壊し屋大ちゃん」のニックネームがついたほど。神戸一中の時にはアマチュア無線に没頭しすぎて、学業が危なくなった時期さえあったといわれる。

そして早稲田大学の第一高等学院から早大の理工学部へ。「私が学生時代を通じてほんとうに実のある勉強をしたのは理工学部のときである」（井深大『私の履歴書』）と述べているように、大学と近くの新潮社を結んで〝光電話〟の実験を行ったりと、好きな科学での才能を遺憾なく発揮する。

早大を卒業後、しばらくサラリーマン技術者を経験したが、昭和十五年に仲間と語らって日本測定器株式会社を発足させる。新しい測定器の開発などを得意とする会社であったが、戦局が不利になるにつれ、陸軍の命令による熱線誘導兵器の研究に精力を集中せざるをえなくなった。

「これは敵艦の熱を捜して爆弾を敵艦に命中させるもので、画期的な新兵器であった」(『私の履歴書』)

こうした新兵器を研究するための、陸海軍と民間研究者による戦時研究会があり、定期的に会合を持っていた。そこで井深が出会ったのが、海軍中尉に任官したばかりの盛田昭夫であった。

「私と盛田君とは年こそ十年もの違いがあるが、二人はそのころからよくウマが合った。盛田君は阪大理学部出身のすぐれた技術将校だったが、そうした彼の教養に私の心を動かすものがあり、熱線爆弾の研究を通して心と心の結びつきを深めていった」

盛田は、この研究会での井深との出会いを、次のように書いている。

「私は熱線探知で飛ぶロケットの開発をしていた分科会のメンバーであった。われわれはブレーン・ストーミングなどを通して、独創的で大胆な発想をするのが任務であった。そのグループの民間代表の中に、当時自分で会社を経営していたすぐれた電子技術者で、のちに私の人生に多大の影響を与えることになった人がいた。井深大氏である。

昭和10年（1935）当時の井深大（24歳）。「走るネオン」を発明して、パリ万博に出展、優秀発明賞を受賞

井深氏は私より十三歳年上だったが、はじめからたいへん気が合い、ここでの出会いが縁で、彼は私の生涯の先輩、同僚、相棒、そしてソニー株式会社を一緒に設立するパートナーになったのである」（『メイド・イン・ジャパン』）

終戦とともに日本測定器を解散した井深大は、疎開先の長野県から仲間とともに上京して、十月には日本橋で東京通信研究所の看板を掲げる。戦争中に破壊されたラジオの修理や、連合軍放送の受信を不能とされた短波ラジオの修復で日銭稼ぎをしながら、短波放送用コンバーターなどの製作を開始した。

後から考えても偶然としか思えないのだが、

この街角ビジネスを朝日新聞がコラムで紹介。その短い記事が、愛知県の実家に戻っていた盛田昭夫の目にとまることになる。

さっそく盛田は井深宛てに手紙を書き、井深から「上京するように」との返事が寄せられた。

その直後、郵政省の前身である逓信院から真空管電圧計の製造納入を受注し、事業は軌道に乗り始める。そして翌年の昭和二十一年五月七日には、東京通信工業株式会社の設立となる。

同じ五月、地震研究所に戻っていた岩間和夫は盛田菊子と結婚。これを契機として盛田昭夫が、岩間に東京通信工業入りを懇請した経緯は前述のとおりである。

「『事業』は『人』によるとの信念から、私は、何としても優秀な人材を得なければと考え、最も身近な和夫さんをどうしても仲間にしたいと、是非是非と誘ったわけで、地震研究者として学究の途を進もうとした彼にとって、出来たばかりの町工場に飛び込むことは、人生の大問題であったの当然で、長兄の正男さんとも相談の上、ついに方向転換を決心してくれたのです」(『岩間さんを偲ぶ』より盛田昭夫の追悼文)

井深、盛田、岩間。それぞれ科学・技術を愛する三名が、戦争という特殊環境の中で技術と向き合いながら、戦後日本の再出発にあたって何が必要か自省し続けてきた。その答えが東京通信工業（ソニー）への結集であったと考えれば、同社が〝戦後企業の雄〟となった理由が見えてくるような気がするではないか。

……このようにして、ソニー誕生の序曲が始まったのであった。

第2章

技術のソニーを目指して

ないない尽くしの東京通信工業

井深大が中心となって発足した東京通信研究所は、昭和二十一（一九四六）年の五月七日に資本金十九万円の東京通信工業株式会社に生まれ変わる。

かろうじて焼け残った日本橋白木屋（現在のCOREDO日本橋）の、ススだらけの三階の一部を仮住まいの本社として、坊主頭に国民服という戦時色の抜け切っていない約三十人の社員が集まって創立式を開いた。

初代社長には、戦後間もなくの東久邇内閣と幣原内閣で文部大臣を務めた、井深の岳父にあたる前田多門が就任した。東京通信工業の設立にあたっては、前田がさまざまな面で井深たちの後ろ楯となって動いたことによる。

そして、井深大が専務取締役で、盛田昭夫は常務取締役、取締役には日本計測器時代からの仲間である太刀川正三郎と樋口晃、相談役に田島道治という布陣であった。

岩間和夫が、このような東京通信工業に正式に参加したのは、設立の翌月にあたる昭和二十一年六月一日であった。盛田の妹である菊子と名古屋で結婚式を挙げた直後に夫妻で

昭和22年（1947）、御殿山に引っ越してきた当時。左から2人目が岩間、その右は井深

上京、東京通信工業の創業メンバーに合流している。岩間夫妻の結婚生活の歴史とソニーという企業の歴史は、ほぼ同時にスタートを切ったことになる。

「新婚家庭といっても終戦直後のことですから、今の人からは想像もつかないかもしれませんね」

こう、未亡人の岩間菊子が私に思い出を語ってくれた。

「品川区荏原に岩間の持ち家があったので、古くから主人の面倒をみてきた乳母さんと一緒に住んだのですが、二階には私の兄の盛田和昭（当時早大生）と正明（当時東工大生）の兄弟が暮らしていました。そして、乳母さんが作ってくれた朝食を皆一緒になって食べてから出かける、といった生活でした。会社を訪ねたこともあるのですが、主人はまるで旋盤工のように働いていたのを覚えています」

終戦から一年足らずのまさに〝ないない尽くし〟

の時代だから、株式会社とはいってもまともな製造機械ひとつあるわけではない。ドライバーは焼け跡からオートバイのスプリングを拾ってきて作る、試験や試作品の配線には電話ケーブルの中身を剝いて転用する、といった調子だ。

入社したばかりの岩間も、慣れない工作機械に取り組み始めた。ところが、ドリルを取り付けたボール盤を使って穴あけ作業をしているはずなのに、なぜか一向に穴が貫通してくれない。

「岩間さん、ボール盤が逆に回ってるよ」と横から声がかかった。

ボール盤が回転を始めるためのスターターもない機械のため、モーターの動力を伝えるベルトを直接手で引いてスタートさせる必要があったのだが、その方向を勘違いして逆に回してしまっていたのである。これではドリルの働きようがない。

ちなみに、こうしたエピソードを、科学者から〝畑違い〟の技術者へと転身した岩間のチグハグぶりと理解するわけにはいかない。

これまで断片的に語られてきた岩間像では大抵、地震学者が急に電気関係の技術屋さんになったのだから世間知らずでもしょうがない、とんでもなく畑違いの技術現場にいきなり飛び込んだのだから、といったトーンが打ち出されていた。ときには、ほとんど変わり者扱いである。

しかし「それは違う、当時の自然科学系の学者は、研究に必要な機器作りをすべて自分でこなしてきた」との証言を、岩間の後輩筋にあたる地球物理学者から聞いたので紹介しておきたい。

岩間の大学の卒業論文が「富士山の地磁気観測」であったことはすでに述べた。

地震という現象は地層の変動や移動によって起きるもので、地層が動けば周辺の磁気パターンも変動する。同じく火山活動でも、山体や地層が変動したり振動したりという現象が起きるから、やはり周辺一帯の磁気パターンが影響を受ける。

こうしたことから、地震や火山の研究者は地震波だけでなく、地磁気の変動を正確に捉えることに力を注ぐ。岩間の論文もそうした必要から研究された結果なのだが、ここでのポイントは、

「当時の観測環境からいって計測器はほとんど自前だった。つまり、自分たちで設計して自分たちで計器を作っていた。だから電気回路などのメカニズムに関して、岩間さんはきちんとした知識があったというのが現実です」

つまり東京通信工業という電機メーカーに〝ズブの素人〟として入社したはずがなく、

まして地震や火山という自然現象だけを相手にしていた、世間知らずの学者サンといった存在でもなかった、というのである。

「さらに重要なのは、岩間さんが物理学を専攻していたという点にある」と前述の地球物理学者が続けて解説してくれた。

物理という学問の特徴をひとくちでいえば、自然界で起きる現象の根本原理を研究することにある。そのため、ある現象がどのようにして起きるのか、どのような条件がそろえば再現されるのか、あらゆる対象に関して検証を行う能力を身につける。

技術というのは、結局のところ自然現象を人為的に起こさせる術なのだから、優秀な技術者ほど優秀な科学者でなくてはならない。岩間は後によく〝学者のようなエンジニア〟と評されるが、そういった意味から当たり前のことで、設立早々の東京通信工業においてリーダー的な存在となったのも当然だ。盛田昭夫はそこまで見抜いていたからこそ、学者の道から彼を引きずり下ろしてでも会社に参加させたかったのだ、というわけである。

しかしそうはいっても、手に技がなければ頭だけで製品を作るというわけにはいかないから、科学者というだけでは技術者として立ち行かない。

道草が長くなったが、モーターを逆に回して不思議がっていた岩間のエピソードは、終戦直後の物不足とゴタゴタの中で、優れた科学者が優秀な技術者ともなる過程で見せた寸劇、ということになるのである。

電熱マットとパワーメガホン

さて、製造現場がこんな機能不足状態なのだから、部品や資材の調達ともなると充足を期待するほうがおかしい。逓信省から真空管電圧計の注文をもらったといっても、肝心の真空管がまとも手に入らないし、闇屋の間を歩き回っても予定数の半分入手できれば上等といった毎日が続いた。

当然、夜はいつになったら帰宅できるか見当がつかないし、決まった休日などはないに等しい。そうかと思えば、電力不足による輪番停電が日常化しているから、〝電休日〟が仕事を休む日になるといった有り様だった。しかし、さすがに実績ある技術屋集団だけに、設立三カ月目の八月には資本金を六十万円に増資するまでになった。

ところが、新円への切り換えが行われた直後で、普通預金は封鎖預金となっていたことから、〝新円稼ぎ〟を考える必要がでてきた。

「しかたなしに電熱マットというインチキ商品を考えた」と井深大は『私の履歴書』に書いている。

「これはまず細いニクロム線を格子状に二枚の美濃紙の間にのりづけし、これにコードをつけたものである。もちろん石綿などという気の利いた物は入手できず外側のカバーも繊維製品は統制で手に入らないので本の表紙などにするレザークロスを買ってきて、ミシンをかけてこの中に美濃紙の発熱体を入れたわけだ」

さすがに気がとがめるので会社の名前は入れられず、銀座ネッスル（熱する）商会とダジャレで逃げることにした。しかし、モノがないうえに寒さが厳しくなる時期だけに、作るそばから売れたと井深は書く。

「私も内職のように家で作りましたよ」と岩間菊子も、その体験を語ってくれた。

「板にクギが等間隔で打たれているのですが、それにニクロム線を巻いていく。形になったところで和紙で挟んで、ビニールを被せて……。こんなので大丈夫かと思う一方で、使ってみると結構暖かい。そんなことを明瞭に覚えています」

ちょうどこの頃、奈良の法隆寺本堂が失火によって焼けるという事件が起きた。まさか我が社の電気座布団が原因ではと、一時は本気になって心配した（そうではなかったのだが）

などという思い出もあるのだという。

このようななか、営業が本格化した白木屋からは追い立てをくらい、やっと探した別の工場からも追い出されといったように、東京通信工業の本社や工場は分離や移転を繰り返す。

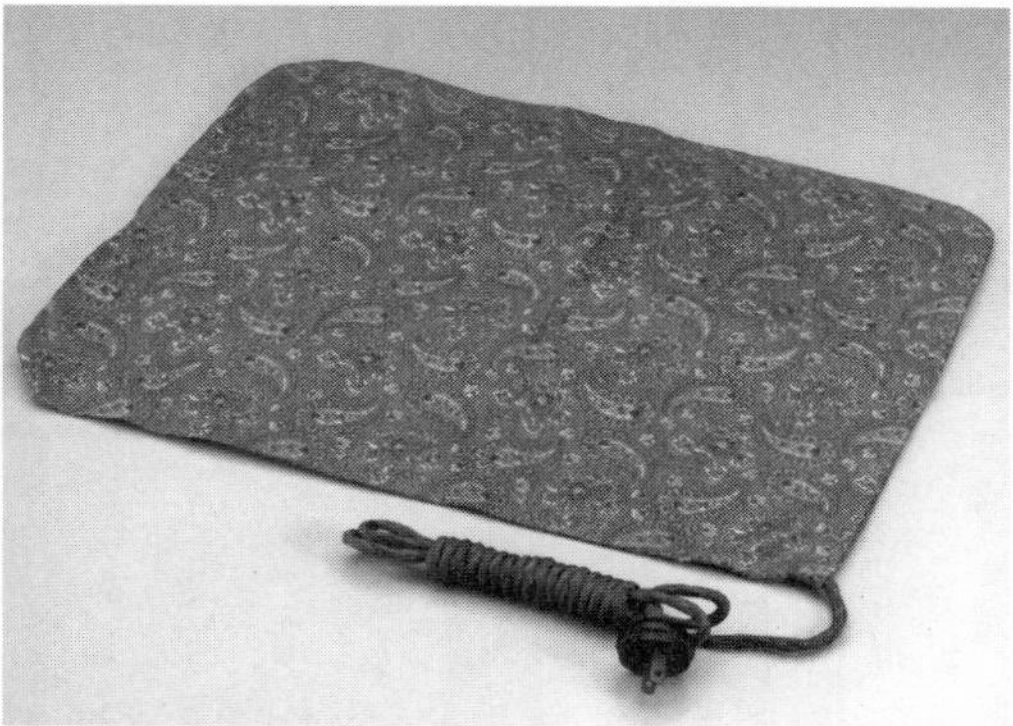

昭和21年（1946）当時、発売とともに売れに売れた電熱マット

そして、いまの〝ソニー村〟がある品川区御殿山の一角に建っていた「日本気化器の雨漏りがするおんぼろバラック工場」（井深の表現）を借りられることになったのは、昭和二十一年の暮れも押し詰まった頃であった。

明けた二十二年の正月に、井深が社員を前にして語った言葉が残されている。

「このように物の不自由な時代である。闇の商売でもやれば、もっと儲かるかもしれない。そして皆さんにももっと良い待遇ができるかもしれない。しかし自分たちはそういうことをやりたくない。とにかく世のためになる新しい技術を拓くということで、苦労してもやっていきたいと思っている。皆さんも一所懸命やっていただきたい」（ソニー広報センター『ソニー自叙伝』）

この〝世のためになる新しい技術を拓く〟という井深大の言葉は、そのままソニーの事業哲学となっていく。井深大は後に『私の履歴書』でも同様の信念を述べている。

「私はこれまでいろいろな物をこしらえて商売にしてきたが、たいてい軍とか役所とか放送局のもので与えられた仕様書によって作ったものばかりだった。それで何か大衆に直結した商品をかねがねやってみたいと思っていた。大衆は製品のきびしい審判官であり、正しい評価をするものだと信じていたので、大衆商品はいちばんやりがいがあるような気がしていた」

ここで井深たちが最初の商品群の一つとして選び、岩間が製品開発を担当したのが、真空管を使わない拡声器「パワーメガホン」であった。

なにしろ決定的なモノ不足の時代だから、音声の増幅に使うはずの真空管もそうそう簡単に手に入らない。だったら、カーボン（炭素粒子）が圧力変動に応じて電流を増幅させる現象を利用して、カーボンマイク方式の拡声器を作ろうというわけだ。

このため岩間は連日、カーボンマイクの試作と取り組むことになった。

「会社で『本日は晴天なり、本日は晴天なり』と大声で怒鳴っていた岩間の姿を、いまでも覚えています。あの頃のソニーは、町工場という表現がピッタリでしたね」

妻の菊子も、なつかしさで一杯の様子で語るのであった。

実のところ、このときの当事者たちがどの程度まで意識していたか不明だが、この後のソニーなり岩間なりの足跡を考えるにあたって、〝真空管を使わない増幅器〟というキーワードには興味深いものがある。

このとき井深は、真空管不足だけをパワーメガホン開発の理由としたのではなく、「人がやらないものをこしらえる」という点にもこだわった。音声電流の増幅は真空管でやるものとの常識に対して、他人がやらない別の技術を使った拡声器を考えたのである。

東京通信工業の社員たちは、井深大のことをひそかに、同時に愛情を込めて「ヘソ曲がり」

昭和22年（1947）、岩間が設計したパワーメガホン

と呼んでいた。

もちろん「人がやらないことをやる」のをモットーとしていたからであり、そういう事業スタイルを貫こうとする井深を皆が〝やんちゃなヘソ曲がり〟と大事にしていたからに他ならない。

そして開発を担当した岩間和夫にとっても、ここから「真空管を使わない電子部品」という言葉がついて回ることになる。彼は後に〝半導体技術の天皇〟として、増幅器に欠かせない部品だった真空管をライバルに見立て、「より優れた電子部品となる半導体」であるトランジスタの開発に取り組む。

さらに後年になっては、これも真空管の一種といえるビデオ用撮像管をライバルとして高性能半導体ＣＣＤの開発に成功し、世界レベルの業績を残すことになる。

こうしてみると、まだソニーという名前さえ生まれていない東京通信工業の創業直後の仕事ぶりにもかかわらず、会社にも技術トップにもすでにして〝ソニー・スピリット〟が具体的に芽生えつつあったのである。

テープレコーダーの製造部長

ところで、このパワーメガホンはそこそこの売れ行きだったといわれるが、東京通信工業の人気商品第一号といえば、何といっても昭和二十四年九月に試作一号機を完成させた「テープコーダー」だろう。

当時、テープレコーダーといえば、アメリカでさえできたばかりの貴重品であった。日本でテープレコーダーを手掛けようと考える企業はなく、もちろん参考書さえも存在していなかった。

なにしろ日本に紹介されていた技術内容といえば、「一九三六年にドイツのＡＥＧ社によってプラスチックに磁気材料を塗布したテープレコーダーが発明された」との記述だけだったといわれる。

当初、東京通信工業のメンバーが開発を検討したのは、テープレコーダーならぬワイヤーレコーダーであった。文字通り磁気媒体にテープではなくワイヤーを使うもので、戦時中の陸軍などでも使われていたアメリカ製の先端技術といってよい。

東京通信工業もキットを取り寄せてアンプと組み合わせ、それを納入先のNHKが海外ニュースの録音に使ったという記録が残っている。だが、紙テープに磁性粉を塗ったテープ方式の方が機構が簡単なうえに音が良いことに気付き、テープレコーダーの開発に力を集中するという経緯があった。

こうした結果、昭和二十五年七月に誕生した初の国産テープレコーダーが「テープコーダーG型」(テープコーダーという名称は東京通信工業の登録商標)である。

そしてこの年の十一月に井深大社長、盛田昭夫専務という東京通信工業の経営スタイルができあがる。一足先に取締役に就任していた岩間和夫を含めると、ソニー第四代社長までのラインが整ったことになる。

こうして翌年には、民生用の第一号機といわれるトランク型のテープコーダーH型が発表され、テープレコーダーの普及が始まるとともに、技術面でも販売面でも東京通信工業の基礎が固まり始めるのである。

このあたりの開発物語だけで一冊の本になるほどで、実際、ソニーが戦後企業の雄となった第一要因として、これまでもよくメディアに取り上げられている。したがって、ここでは詳しく触れるつもりはないが、岩間の仕事ぶりを察することができるエピソードだけは紹介するべきだろう。

テープレコーダーの開発・製造において、岩間は製造部長として新型機の開発から製造にまで関わった。

昭和25年（1950）、日本最初のテープレコーダー

最初のテープコーダーG型は、第一号機としては高い性能を持っていたが、磁気記録に働きかける消去ヘッドの効率がもうひとつだったという。これがテープレコーダーの性能アップの足枷となり、第二号機の開発にあたっての問題点となっていたといわれる。
ここで岩間が言い出したのが、フェライトを消去ヘッドに使用するという新しい技術発想だ。
フェライトとは酸化鉄を主成分としている磁気材料のことで、純粋な鉄などの金属にくらべると酸化物であることから電気抵抗が大きい。そのため、高周波で発生する渦電流による損失が少ないという、テープレコーダーのヘッド材料として望ましい性質を持っている。

ただし、こう分かったように書けるのも今だからこそで、当時は世界的にみてもまだフェライト・ヘッドが実用化されていなかった。

創立当時から工場長として現場を仕切ってきた樋口晃の証言によれば、

「岩間さんは、消去ヘッドは高周波大電流だから、損失の少ないはずのフェライトを使ったらどうかと提唱された」

つまり理論的に考えれば、じゅうぶん行けるはずだと考えたのだという。実際、フェライトのコアを金鋸でゴリゴリと切ってヘッドらしき形にして、コイルを巻いて実験したところ、みごとに消去することができた、と樋口は述べている。

「おそらくこれは世界で初めてのことと思う。その後昭和二十九年に米国のアーマー・リサーチに行った際、カムラス氏がこれと同様のものを発表した。私（樋口）は他のライセンシーに東通工が既に実用している物を見せ多数の人々の関心を集めた」（『岩間さんを偲ぶ』）

“技術のソニー”の主柱

このフェライト・ヘッドの開発に関しては、ソニー（当時は東京通信工業だが）らしい決断の見事さを示す逸話も残されている。

東北大学の岡村研究室でもフェライト研究が行われていたことから、東京通信工業は他の一社とともに同研究室に資金援助を行っていた。

その研究が実用化できそうになったことから、高崎昇という人が研究室を代表して二社との間でライセンス交渉を始めることになった。

高崎はまず最初に、東京通信工業より多額の資金援助をしてくれていた社へと交渉に出向く。特許契約の話までいったのだが、具体的な返事がなかなか来ない。

そこで続いて東京通信工業へ。井深大と盛田昭夫から三十分ほど質問を受ける。「ずいぶん特許の料率というのは高いものですね」というのが井深大の感想だったそうだ。

それでもメカニズムに関する特許にくらべて材料に関する特許料は高価なのだと聞くと、「分かりました。それでは当社の研究部長たちに会ってください」と、井深大は岩間和夫たちをその場に呼んだ。この特許を使って実際に仕事をするのは岩間たちなのだから、ということだろう。

井深と盛田が席を外したあと、高崎はさらに延々と三時間にわたって、岩間たちから質問攻めにあった。彼は「何というウルサイ会社だ」と思ったようだ。

しばらくして井深が顔を出して「どうだった？」と聞いた。これに対して岩間は一言、

「すべて分かりました」と返事をする。

すると、間髪をいれずに井深が高崎に向かって口を開いた。「それでは高崎さん、契約しましょう」

じつに簡単に原案に判を押すかたちで契約が完了してしまい、高崎はその呆気なさに驚いた。ところがこの話にはまだ先がある。フェライトを使ったテープレコーダーを生産するための工場を仙台に作る、その工場長として高崎を迎えたいという話にまで進む。後に、高崎は専務・厚木工場長まで務めるのである。

このエピソードは、井深と盛田そして岩間という〝三人の中枢〟の有り様を具体的に示していて、大変に興味ぶかいものがある。

これまで、ソニーの創立者といえば井深大と盛田昭夫の二人と、ほとんど答えの相場が

決まっていた。この二人が「世界のソニー」を創り育てたのだ、だからこそ二人のことをソニー・ファウンダーと呼ぶのだろう、というわけだ。

事実、この答えは決して違ってはいない。だが、本書の筆者としての私からいえば、これだけでは正しくもないのである。

「井深大が〝モノづくりの概念〟を、盛田昭夫が〝ビジネスの概念〟を確立したことで世界のソニーができた」とはよくいわれる。

では、もうひとつのソニーのキーワードである「技術のソニー」は？　と考えてみればすぐ分かるはずだ。

実際、このエピソードの中でソニーが採用すべき技術を〝すべて理解した〟のは岩間ではないか。井深はその技術を使えば自分の望むモノづくりができると信じ、契約したばかりか研究者・高崎の採用にまで踏み切っている。つまりソニーにとって欠かせない〝技術の概念〟を確立するのは岩間の仕事だったのである。

ただし岩間は、井深・盛田の二人とともに事業を展開するにあたって、ひとつのモットーを持ち続けた。

「井深さんと盛田さんが同じ意見なら、オレは何もいわん。二人の間に意見の食い違いがあったときが、オレの出番なのさ」

ナンバー・スリーの処世訓といってしまえば、それだけのことである。だが私には、上の二人が会社に必要な技術だというのならば、どのようなことでも成し遂げてみせる。そして、自分の選択によって企業の運命が決まるのなら、自分が信じる道を堂々と歩いてみせる。そんな、強烈な自信の表れに思えるのである。

テープコーダー開発の思い出として、井深が後に語った言葉がある。

「テープレコーダーは日本で初めてのものであり、世界でもテープとテープレコーダーと両方をつくっている会社は、今日でもほとんど例がないようである。

このテープレコーダーをこしらえ上げたことがわれわれにとっては『やればなんだってできるのだ』という大きな自信を与えてくれることになり、後にトランジスタをやるときにもたいへんな力となったのである」(『私の履歴書』)

これは〝モノづくり概念〟の主柱としての井深大の言葉なのだが、同時に〝ビジネス概念〟の主柱であった盛田昭夫の言葉でもあり、さらに〝技術概念〟の主柱であり続けた岩間の言葉でもあった。

このトロイカ的な強さこそが、戦後企業ソニーを急速に世界的企業へと導いた原動力といえる。そして、まず最初にそれを証明してみせたのが、井深が語っているように、世界で初めての業績であるトランジスタ実用化の歴史なのである。

第3章

未知のものをモノにする

トランジスタをやりましょう

昭和二十八（一九五三）年は東京地区でNHKテレビの本放送が開始された年で、二月一日から一日四時間の定時放送がスタートしている。このときのテレビ台数は日本全国でわずか八百八十六台だったという。一方、ラジオの登録台数は二十七年に一千万台を越え、海外向けの生産も始まっていた。

東京通信工業の取締役製造部長として、主力商品であったテープコーダーの開発・製造に関する指揮をとっていた岩間和夫が、突然その製造現場から手を引いて取締役研究部長となったのはこの年の八月のことであった。テープコーダー製造現場のエンジニアたちは、なぜ彼の姿が消えたのか見当がつかなかったらしい。

そして八月に入ったある日、岩間は本社二階にある狭い応接室に五人のエンジニアを呼び出した。

この五人はすべて岩間の部下であり優秀な若手エンジニアなのだが、専門とする分野はさまざまで、塚本哲男と岩田三郎は「機械屋」、茜部《あかなべ》資躬は「物理屋」、天谷昭夫は「化学屋」、そして安田順一は「電気屋」といった具合だった。

東京通信工業が日本初となるテープレコーダーの開発・製造を手掛けるにあたっては、大別しただけでも「磁気テープ技術」「磁気ヘッド技術」「サーボモーター技術」といったまったく新しい技術が欠かせなかった。このため東通工では、井深大、盛田昭夫、岩間和夫らの中心メンバーが先頭に立って、あらゆるツテを頼るなどして多分野の専門家を積極的に集めてきたという経緯がある。

企業としての外見は町工場の域を出ないが、そこで働く社員たちをみると、全社員の三分の一が大学卒業か専門学校の出身者という構成であった。そのような人材の中から、「新たな技術」への挑戦に必要と思われるメンバーが呼び出されたのである。

いったい何が始まるのか五人が興味と不安を示すなか、岩間が彼特有の単刀直入な物言いで、このように切り出した。

「これから半導体の時代がやってくる」

「いまから取り組まないとバスに乗り遅れるから、トランジスタ開発プロジェクトを発足させる。オレと一緒に、すぐにでも新しく勉強を始めてもらいたい」

トランジスタ？　五人うちの一人だった塚本哲男は、この後、岩間の下で半導体製造課長、厚木工場の副長、ソニー中央研究所の副長などを務めるなかで、半導体ひとすじに歩くことになる。しかし、この時はまったくの初耳だったそうで、

「当時の私は、トランジスタという言葉すら知らなかったもので、(岩間の指示は)晴天の霹靂でした」

と回想している。

それも無理はない。すべての半導体製品の出発点となったトランジスタが、アメリカのベル電話研究所で発明されたのは昭和二十二年のことであったが、具体的な存在として公開されるまでに五年を要した。

ベル研と同じくAT&T(アメリカ電信電話会社)の傘下にあるウエスタン・エレクトリック(WE社)が昭和二十七年になって、初めて特許をアメリカ内外に有料公開すると宣言して内容が明らかになっている。

その内容を、井深大がテープレコーダーの市場調査のために渡米した先で知り、テープレコーダーに続く「東通工の第二の技術チャレンジ」の対象としてトランジスタの開発を行おうと決意する。

「優れた技術によってこれまでにない民生品(コンシューマー商品)をこしらえる」という

のが、井深が東京通信工業を設立したときに設けたモットーのひとつだった。そんな井深の目から見ると、トランジスタはいずれコンシューマー商品の大きな柱となる要素に思われたのだろう。ニューヨークの知人にＷＥ社とのトランジスタ特許取得交渉を託して帰国している。

昭和28年（1953）、トランジスタ開発に関して契約するため渡米する盛田昭夫（右）。当時32歳

ちなみに、このとき井深が土産として持ち帰ったのはゲルマニウムダイオードと、まだ日本になかったビニールのテーブルクロスだったという。

帰国した井深からトランジスタ開発の決意を聞いた岩間和夫は、躊躇なく「やりましょう」と研究プロジェクトのリーダーに志願して、研究開発に従事するエンジニアの選択を始めた。

ちょうどその頃、ＷＥ社からエアメールが来た。

「あなたの会社に特許を許諾する用意がある。代表者が来てサインするように」

アメリカの大企業は誕生したばかりの東京通信工

業など相手にしないのではないか、と憂慮していた社内は歓喜の渦に包まれた。どうやらテープレコーダーを自力で開発した能力を評価してくれたらしい。

八月に入って、盛田昭夫が契約書サインのために渡米することになった。

こうして東京通信工業の社内でトランジスタ開発がスタートしたのだが、問題はいくつもあった。

まず、外貨の持ち出しが厳しく制限されている時代だけに、通産省が東京通信工業のような弱小企業にライセンス契約の許可を出すかどうか不明だ。

さらに、基本特許の料金だけで二万五千ドル（当時の邦貨で約九百万円、ソニーの経常利益にほぼ匹敵した）という負担に東京通信工業が耐えて、会社を潰さず開発にこぎつけることができるのかどうか、具体的な見通しはまったくない。

仮に通産省のＯＫが出て契約料を払えたとしても、肝心の開発技術力の問題が最後まで残るのである。なにしろ、東京通信工業の誰一人としてトランジスタの実物さえ見たことがないのだから。

先程から基本特許と書いているように、ここでいうトランジスタ特許とは「トランジスタ製品の作り方」に関する特許というより「トランジスタ原理の利用」に関する特許である点に注意してほしい。

特許を買えばトランジスタという最終製品までが自動的に作れるわけではなく、半導体という素材をトランジスタと呼べる機能部品に加工することに関して、発見者に特許使用料を払うというのが基本特許の実態なのだ。

海のものとも山のものとも

トランジスタの原理をきわめて乱暴にいえば、ゲルマニウムやシリコンといった半導体の結晶に電極二本を設けて信号電流を流してやると、その信号が三番目の電極から増幅して取り出される、という仕組みである。

ベル電話研究所では発明から約半年後の昭和二十三年六月三十日に、トランジスタという増幅機能を持つ部品（デバイス）を作り上げたことを記者発表した。その翌日のニューヨークタイムズ記事を紹介しよう。

「ベル電話研究所は昨日、通常のラジオ用真空管の機能に替わるものとして使える「トランジスタ」という名のデバイスを発明したと発表した。

そのデバイスは、従来の真空管を一切使わないラジオ受信機に組み込まれた形で展示された。

また、電話システムとテレビジョンセットの受信機にも組まれて展示された。どちらのケースでもトランジスタは増幅器として使われ、ラジオ波の送信・受信用の双方に利用できることを示した。

二分の一インチほどの小さなシリンダー状のトランジスタは、真空も金属格子も金属板も必要なく、カバーガラスもいらない。素早く活動を開始し、真空管のような予備過熱も必要としない。

デバイスの機能部分は二本の細いワイヤーだけで、金属底を持つ半導体の表面に接合されている。この機器によって、一本のワイヤーによって運ばれた電流が他方のワイヤーより増幅された流れとなる。

……以上で全文なのだが、私の翻訳のマズさだけでなく、「トランジスタとは何か」について戸惑っている様子がよく分かるだろう。

ただ、記事でも強調しているように「半導体の結晶に針を二本立てると増幅作用が起きる」というところが「点接触型トランジスタ」とよばれるタイプのポイントとなる。

ベル電話研究所の「ＢＢＣ」こと、ジョン・バーディーニ、ウォルタ・ブラッテン、ウィリアム・ショックレーの三人によって発見された作用で、彼ら三人は後にノーベル賞を受けることになる。

「針を立てる」といった表現からも分かると思うが、かなり微妙な（というより脆弱というべきか）構造を持つうえに、実用上の強度にも問題がある。基本的な原理にかなっているからこそ特許になっているのだが、製品化するとなると構造の是非を含めて課題は山積みだ。

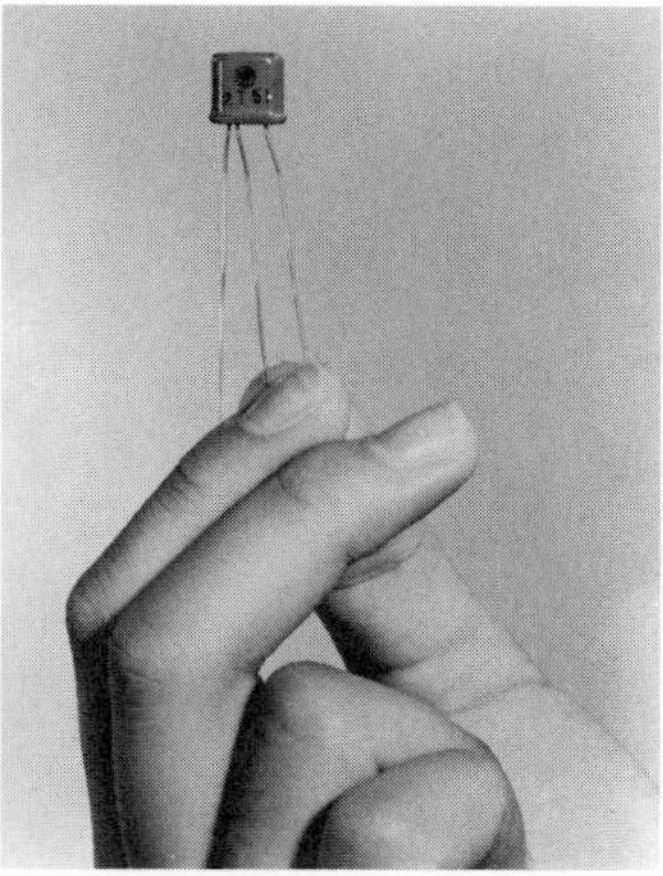
電子王国興隆の原点、トランジスタ

このため発表内容を知った岩間たちも、この時点では詳しい検討を見送っている。

それから約五年、点接触型から一歩進んだ接合型と呼ばれる構造までが発表された後の特許公開であった。ＷＥ社の特許の公開に複数の日本メーカーが応じたのだが、その大半は実際の作り方を有料で買う製造特許の契約まで望んだばかりか、作り方のコツまでを学ぶノウハウ契約までを結んでいた。

原理の利用から製品化の技術までセットで教わる、いってみれば相手の傘の下に丸々入れてもらう状態になることから、よく「アンブレラ契約」などともいわれる状態での開発であった。

日立や東芝といった大企業でも、WE社とアンブレラ特許契約を結んだり、テレビ特許を結んでいる関係で親しくしているRCA社から特許を得て開発をスタートしている。それにもかかわらずトランジスタの利用価値に関する社内の評価は低く、「真空管という完成された技術があるのに、なぜわざわざ性能が低い半導体の開発などをする必要があるのか」といった声が絶えなかったといわれる。

こうした状況でも、東京通信工業では基本特許を買っただけで、それまで見たこともないトランジスタの開発研究をスタートしようとしているのだから、その苦労はいかほどのものか想像もつかない。

当然、具体的な材料の選び方や加工方法はどうなるのか、どんな製造機械を使ってどう作るのか、といった開発技術は自前で解決しなければならない。

特許契約をしたからトランジスタ製造法が手に入る、というわけにはいかない。あえていうなら、先に基本原理を発明した者がいる以上はビジネスルールとして真似は許されないから、特許契約によってその内容を有料で使わせてもらいますと約束した。そこから先は自由競争ですよというわけである。

東京通信工業が基本特許だけで始めた最大の理由は、テープコーダーがやっと売れ始めたばかりの新興企業だけに「資金が足りなかった」ことにつきるといってよい。だが、それでも問題ないという状況分析と自信が、当時の岩間たちにあったのも間違いないと思われる。

それというのも、まだアメリカでもトランジスタの定評は「海のものとも山のものともつかない」存在であり、とても電子部品と呼べるような状態ではなかったことによる。発見者のベル電話研究所でさえ一般用の電器製品向けに生産するのを断念して、コスト高を価格に転嫁できる軍事用部品として売ろうとしていたほどだ。

有名な逸話がある。

井深大がトランジスタ開発を決意したのは、単にトランジスタという部品を作ろうとしたのではなく、最初からトランジスタ・ラジオという具体的な商品の開発を考えていたことによる。

「人のやらないことをやる」井深としては、戦前からある真空管式ラジオの製造販売にはまったく興味を示さなかったのだが、「トランジスタという誰も経験したことがない増幅器でラジオをこしらえる」という点に大きな興味を持ったのであった。

ところが、トランジスタ・ラジオという発想にアメリカで会った専門家は誰一人として賛同しなかったどころか、まともに取り合おうともしなかった。

ほとんどが、冗談もいい加減にしろといった調子で「補聴器にならじゅうぶん使える増幅機能だ」と盛んに勧められたという。人の音声のように周波数が低い電気信号なら、トランジスタという固体部品での増幅は可能だが、音楽のような高い周波数の増幅には従来の真空管に優るものはない、というわけだ。

現在の半導体デバイスのイメージをもとに初期トランジスタを考えると、その当初から目の醒めるような技術の登場として歓迎されたと思いがちだが（結果的にそうなったのだが）、誕生間もない時の姿はせいぜいこの程度だったのである。

工場の角で洋書を輪読

トランジスタの実用化へ邁進した岩間和夫

こうした状況を、当然、岩間は把握していた。前述したように昭和二十三年の記者発表をもとに井深と内容を点検しているし、その結果として日本の電気試験場（後の電気通信研究所）などで始まった追試の内容についても検証してきている。

そうした流れの中で、トランジスタという半導体の将来性については高く評価しつつあったし、これなら原理的にも自分にできないことはないとも思っていた。

要するに、将来性はあるが製品化技術がまったく伴っていないのが当時のトランジスタの素顔なのだが、早晩、かつてない技術をモノにする人が現われるのは間違いない。だからチャンスさえあれば自分の手で開発したい、そう岩間が狙いを定めていたとしても不思議ではないのである。

だからこそ、基本特許の契約が可能になる前から、井深の「誰にやらせる？」の問いに対して「私がやりたいです」と、自らトランジスタ開発のチームリーダーに手を挙げたのであった。

もちろん企業としては、開発を手掛ける以上は是が非でも成功させねばならない切羽詰まった事情もあった。

「テープコーダーが売れる中で他に手をつけるべき新技術が見つからなかったから、戦前からの大企業と肩を並べるためには、何がなんでもやるしかなかった。しかも資金が潤沢にあるはずがないのも分かっているから、すべて自分たちの力でやるしかないというのも分かっていました」

というのが創業当時からのメンバーに共通する認識だった。そのような状況の中だけになおのこと、毅然として事にあたる岩間の姿は頼もしかったとも、多くのエンジニアが思い出話の中で付け加えるのであった。

そうなれば、必要なのは根気と情熱である。

ほとんどゼロからのスタートだけにトランジスタの実物があるはずがないし、それどころか半導体原料となるゲルマニウムの結晶さえ、どのようにすれば手に入るか分からない。

しかも、研究開発に没頭できるほどの余裕が会社にはない。

「昼間はそれまでの自分の持ち場で仕事を続け、終業とともに工場の一角に集まって二時間ほどのあいだ、参考書である洋書の輪読を続けました。全員が約三ページずつ和訳してきて順番に発表しては議論する。そして読書会が終わると家に帰り、辞書を片手にノルマの三ページを和訳したんです」

こう塚本は当時を思い出している。

参考書といっても、当初はトランジスタの発明者であるベル電話研究所のウィリアム・ショックレーが書いた半導体原理の解説書『エレクトロンズ・アンド・ホールズ・イン・セミコンダクターズ』くらいしかない。これに、WE社との契約交渉のために渡米した盛田昭夫が持ち帰った、ベル電話研究所が特許契約者に渡す『トランジスタ・テクノロジー』が途中から加わっただけだ。

岩間をヘッドとする開発チームは、当時「トランジスタのバイブル」といわれた、これらの本を手掛かりとして猛勉強を行ったのであった。

そうはいっても『トランジスタ・テクノロジー』は原理の解説書であって、製造の詳細を書いたものではない。トランジスタの製造については概略が説明されているだけで、あとは写真が数枚載っているというありさまだ。どんな材料と製造機器を使うのか、原料の配合具合や温度管理の方法はといった、具体的に必要とされる製造技術に関するノウハウは一切ない。

「製造装置の写真を裏側から見たら、ひょっとして装置の反対側も見えるのではないか。そう考えて実際にページをひっくり返して見たこともある」

そんなエピソードが今でも、ソニーの伝説として残されているほどの苦戦ぶりだった。なにしろ、トランジスタ研究を始めた頃の東京通信工業の機械類といえば、小型の旋盤装置が二台と、ボール盤一台、フライス盤一台がある程度で、掛け値なしでゼロからの出発であった。

「ゲルマニウム還元・精製、単結晶成長、加工、組立、検査とすべての装置や治工具類をノウハウなしに、自社で設計しなければならなかった。しかし皆は何としても独自にやりぬくという大きな意気ごみをもっていた。そして井深氏が示された大目標は、トランジスタ・ラジオを独自に作るということであった」

こう証言しているのは前述の塚本である。

こうした状況のなかで昭和二十八年も押し詰まってから、それまで東京通信工業への外貨割り当てを渋っていた通産省が方針を変更したことで、ＷＥ社と東通工との間の契約交渉は本格化する。

満を持していた岩間和夫と井深大は、二十九年の年明けを待って相次いでアメリカに向かうことになる。当時、岩間は三十五歳だった。

ＷＥ社に支払った特許料九百万円といえば、先述したように、当時の東京通信工業の年間経常利益とほぼ同じ金額だった。それだけの金を払いながら、トランジスタの「試作ラインを見るだけ」で、工場内では写真もメモも禁止という厳しい条件下の視察のために、岩間はＷＥ社に向かったのであった。

トランジスタという技術

彼はトランジスタ開発のために何を得る必要があったのか、この頃のトランジスタ事情はどのようなものだったのか。その具体的内容を我々としても把握しておかないと、トランジスタ開発の途上に出現する数々の障壁と、それを乗りこえていく岩間和夫の情熱を理解しそこねる可能性がある。

そこで、トランジスタ発明から数年間にわたって見られた、技術面および社会面での動きについて少し触れておくことにしよう。

「真空管を用いない増幅器」という研究テーマに取り組んでいた、ベル電話研究所のショックレー、ブラッテン、バーディーンの三博士が「トランジスタ」を発明し、その動作原理が公式に確認されたのは昭和二十二（一九四七）年十二月二十三日のことであった。

この時の現象をひとことでいえば「結晶に針を二本立てると増幅作用が起きる」のがトランジスタ効果だったといえる。ふつう信号電流を増幅させるためには、真空管――つまりガラスチューブの中を真空にして金属電極とグリッドとよばれる金網の囲いを組み込んだ、けっこう複雑な構造の電気部品――を用いる必要があった。

これとまったく同じ現象が、数ミリ角のゲルマニウムやシリコンの結晶の中だけで起こせるのが分かったのだから、関係者がどれほど仰天したか想像に難くない。

この時のメカニズムは、ゲルマニウム結晶の小片を薄い金の膜を間に挟んで基盤となる台に接着して、ゲルマニウムの上面に先端を極細にしたタングステン針を二本立てる、という簡単な構造だった。一本をプラス電極（エミッタ）として微弱な信号を入れると、もう一本のマイナス電極（コレクタ）側に増幅された信号電流が出てくる、という真空管並みの増幅作用がみられる。

半導体であるゲルマニウムの内部に二つの回路が生まれ、一方の作用によって他方の抵抗が変わることから、「トランス・レジスタ」を縮めてトランジスタと命名すると説明された。やはり半導体であるシリコンでも起きる現象である。

半導体は、金属のような導体ほど電気を通さないが、ゴムのような不導体より電気を通すところから、この名がある。これをトランジスタとするには、結晶の内部に素早く動く大量の電子をたくわえる必要があり、結晶に手を加えてやらねばならない。

まず、その半導体を単なる塊ではなく規則正しい構造をした結晶にするのだが、結晶化させるときに微量の不純物とよばれる物質を加えてやることで、結晶の中で自由に動ける電子を生み出す。逆にいえば、自由に動く電子を作るために、適切な化学物質を適切な量だけ不純物として加えてやることになる（不純物といってもゴミなどではなく、結晶成分から見ると不純な物質という意味であることに注意。この作業をドーピングという）。

こうしてできた半導体の結晶に電極を付けて、電気回路の部品として使うのがトランジ

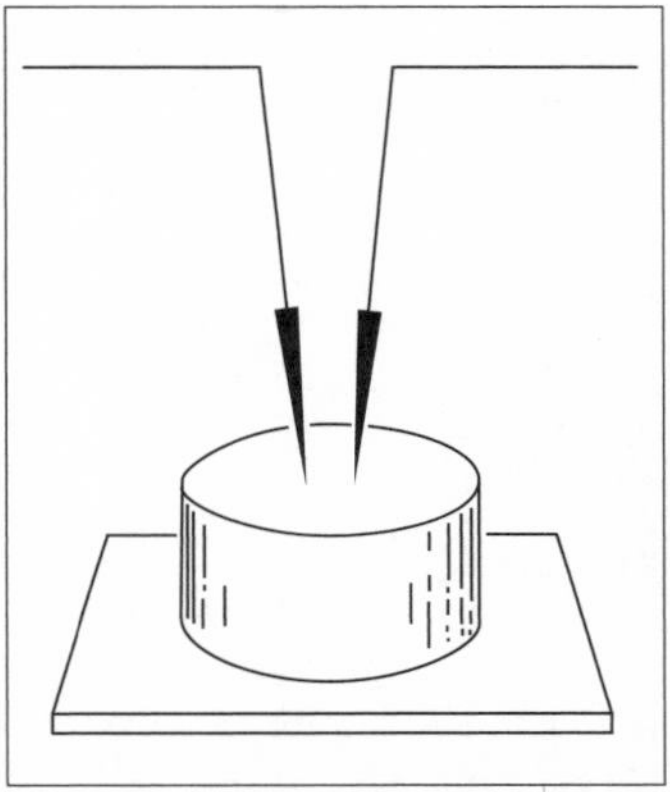

生まれた時のトランジスタは、2本の「猫ひげ」とよばれる針電極をもっていた

スタなのだが、微弱な信号を入れるための回路と、その信号を取り出すための回路を、結晶内にどのような形で作ってやるかが問題となる。

ベル電話研究所が最初に示したのは前述のように「結晶に針二本を立てた」点接触型と呼ばれた構造であった。その後、二十四年になってより実用的な「接合型（ジャンクション）」とよばれる構造のアイデアが生まれた。

接合型とはその文字どおり、電気的性質が異なる三つの層が接合されている。まず半導体をトランジスタとするためには、自由電子を大量に含む「N型領域」が欠かせない。これに加え接合型の場合は、このN型領域の中間に、電子が不足している（正孔が多いともいう）結晶部分を設けてやるのが特徴だ。正電子としての性質を持つ部分であることから、ポジティブの頭文字を取ってP型領域とよばれる。

こうしてN・P・Nと層が接合するよう結晶を作り、それぞれの領域に電極を取り付けると（針なしで）点接触型トランジスタと同じ増幅効果が起きる。これがショックレーの打ち出した接合型トランジスタ理論の概略であった。

点接触型のように微妙な形に針を立てる必要もなく、結晶の作り込みだけですむことから、理論的には製造上の問題が少ないうえ、製品としての耐久性にも優ると考えられた。

しかし、ではどのようにして「一つの結晶内に性質の異なる三層」を作るのかとなると、コトは簡単ではなくなる。

さらに研究が進むと、中間に作るP型領域が薄ければ薄いほど高い周波数が増幅できる高性能トランジスタとなる、ということも理論として分かった。だが、その製造方法となると、やはり簡単には解決できない。

もともと、トランジスタによる増幅作用は具体的なメカニズムが分からないまま、点接触型トランジスタによって作動が確認された。そして、なぜ増幅作用が起きるのかに関して、後からメカニズム解析が行われたという経緯がある。

つまり、トランジスタ理論が解析される前に点接触型トランジスタの試作競争が始まった。その理論的決着がつかないうちに、今度は新しい接合型トランジスタの製造方法に関して頭を悩ますことになってしまったのである。

一見不思議に思われるかもしれないが、理論の解明より現象の利用が先というのは歴史的に決して珍しいことではない。

理想的なトランジスタとはどのような形態・構造なのか、それを実際に製造するにはどのような技術と製造機械が必要なのか。理論を究めつつ、高品質の半導体材料を求め、理想的な結晶構造を考え、それを具体化する製造方法を工夫し、必要な製造機械類を開発する……。

「トランジスタという現象」が出現したことから、こうした多方面の技術研究がいっせいにスタートすることになったのである。

トランジスタとは何なんだ！

ところで、トランジスタ発明のニュースを日本でもっとも早くキャッチしたのは、通産省（当時は商工省）の電気試験所であったという。このあたりを詳しく掘り起こしている『日本半導体50年史』（産業タイムズ社）によると、それ以来の研究所レベルの研究は概略以下の通りであった。

まず電気試験所を中心にして、ベル電話研究所の発明に関する資料やレポートの収集から始まり、ＧＨＱ（連合軍総司令部）の民間情報局図書館などへの論文閲覧が行われた。大学関係では東北大学などが、民間企業ではＮＥＣや神戸工業の研究者が興味を示し、個人的に研究を始めている。

しかし昭和二十四年に入っても、ゲルマニウムやシリコンでの増幅現象が起きない。この年の秋に東京工業大学で開かれた学会でも、固体による増幅現象が報告されず「要するにトランジスタとはなんなんだ、という状態が続いていた」（『日本半導体50年史』）というほど研究者の苦戦が続いていた。こうした中で発表されたのが、接合型トランジスタの理論であった。

二十五年三月になって電気試験所が、初めて実物の点接触型トランジスタをアメリカから手に入れた。理論ばかりだった研究者は初めてみる現物に、思わずどよめいたという。

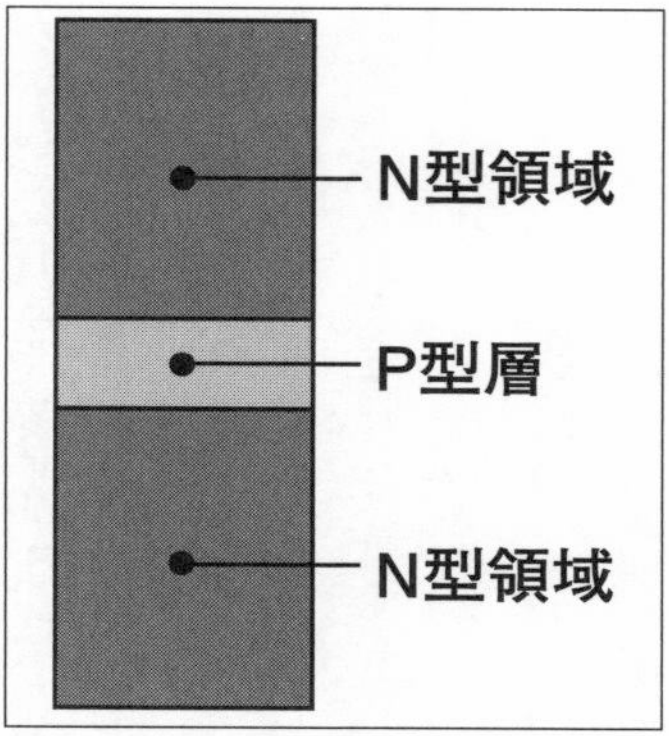

N·P·Nと層が接合する接合型トランジスタ

二十六年になるとアメリカではトランジスタ開発がラッシュ状態となり、日本でも電気試験所から別れた電気通信省電気通信研究所で初めて、ゲルマニウムによる純国産の点接触型トランジスタを完成させている。

企業関係でも東芝や日立の一部研究者がトランジスタに強い関心を持って、研究グループを立ちあげていた。だが、その将来に関して周囲の目は冷たかったと『日本半導体50年史』が紹介している。

真空管メーカーとして当時日本一を誇っていた東芝では「真空管日本一という地盤を築いているのに、なぜ鉱石検波器まがいの得体の知れないことをやるのかと叱責された」。やはり日立は重電メーカーとして君臨していたことから、「テーマに据えた『特殊半導体の研究』という分野に注目する人はほとんどいなかったという」。

そんな状況だったのである。

こうして迎えた昭和二十七年の四月、アメリカでトランジスタ技術が有料公開された。トランジスタはベル電話研究所の業績による特許なのだが、親会社のAT&Tが買い上げるという条件になっていたため、その傘下にあるウエスタン・エレクトリック（WE社）を通じて世界的に公開することになったのである。

特許を買った企業は二十八社に及んだそうで、東京通信工業を含むこれら企業に対してベル研は二週間のセミナーを開いて、トランジスタの理論と実際をコーチしている。ここで使われたテキストが『トランジスタ・テクノロジー』全三巻として出版され、半導体のバイブルといわれるようになったのである。

ここで日立や東芝はアメリカ・ラジオ会社（RCA社）と、技術導入のための契約を交わしている。ＡＴ＆Ｔと並ぶ半導体技術力を持つＲＣＡ社から、同社の持つ技術特許とノウハウを買うことで、トランジスタ開発の技術力を一挙に上げようと考えたわけだが、当然のことに莫大な料金を払うことになった。

一方、基本特許以外の技術特許を買う資金を持たなかった東京通信工業は、トランジスタを製造する許可だけを得たといってもよい状態だ。

こうした、他社と比べ具体的な技術的裏付けを何ひとつ持たない東京通信工業の将来を背負って、岩間和夫は昭和二十九年の年明け早々、初めてのアメリカへと旅立ったのであった。

第4章

伝説となった
アメリカからのレポート

岩間レポート

ここに、うっすら褐色に変色した報告書の分厚い束がある。四期間に分けて書かれたもので、総枚数にして二百五十六枚に及ぶ。その第一号にあたるレポートは、昭和二十九（一九五四）年一月二十三日と日付が付された、アメリカから送られたエアメールだ。

東京都品川区北品川にある東京通信工業の「役員御一同様」宛ての航空書簡で、差し出し人は「K.Iwama」、ニューヨーク三十一番街にあるホテルから出しているのが住所から分かる。

〈昨夜六時半、電文通りニューヨークに着きました〉で始まる報告文は、折り畳み式の航空書簡の表裏両面を使いきっている。

〈飛行機が予定より難渋をきはめ、シェムヤ、アンカレッジ、シアトル、セントポール、ミルウォーキー、デトロイトに着陸し、シアトルでは飛行場の状態が悪く、タコマの軍用基地につき、そこから税関手続きのため又バスでシアトルのインターナショナル・エアポートまで往復し、ここで遂に午後十時から翌朝四時まで六時間を要しました。おかげでタコマの町をバスから見物することが出来ましたが雨で中々飛行機も発航することが遅れた次第です。

東京を出る頃からの興奮もシェムヤに着く頃からはやっと落着き、飛行機もシアトルの着陸の時を除いて至極気持よく過ごすことが出来ました。ただ東京から合計、着陸時間を除き三〇時間でしたので睡眠不足も手伝い少々疲れました。やはり冬はどうしても北廻りのノースウェストは予定より遅れ勝ちで荒れますからＰＡＡのほうがよいようです〉

東京からニューヨークまで飛行機で三十時間。昭和二十九年当時は、日本からアメリカ東海岸の都市に行くとなると、プロペラ機が給油のための離着陸を繰り返しながら、航路を刻むようにして飛んだ。ジェット機で一飛びの現代とは大違いで、大変なエネルギーと時間が必要だったことが読みとれる。

続いて、出迎えてくれるはずの人の到着が三十分も遅れたため一時はどうしようかと思ったこと、その後でスキヤキで歓迎会を開いてくれたうえ、ホテルも紹介してくれたことなど、慣れない海外旅行での心境がじつに素直に書かれている。

〈室代も一番やすい三ドル五〇セントの所で少々設備も行き届いていませんが廉いのと静

かなので当分ここに辛抱しておる積もりです〉

と、滞在する予定のホテルもかなりの安宿であることが察せられる。当時は、海外に出るにしても外貨の持ち出し額の上限が五百ドル（一ドル三百六十円の固定相場だったから日本円にして十八万円）に制限されていたうえ、東京通信工業そのものにもじゅうぶんな金がないから、滞在生活全体を最低ランクにせざるをえなかったと察せられる。

それでも、雪まで降る寒さの中でニューヨーク観光名所のエンパイヤ・ステートビルやグランド・セントラル駅を見物したと述べた後、さらに報告文は航空書簡の裏に回り込みながら続く。

〈アメリカは飛行機の上から見てもやはりつくづく広いと思います。周囲が米人であるといふ雰囲気には否応なしに慣れてしまひますが、言葉の方はやはり一人でどんどん事を運ばせねば駄目です。明日の日曜日は（アテンド役の）山田さんには休んでもらい、一人で歩いてみるつもりです。

身体ももう一、二日ぐっすりと眠れれば元気になると思います。最後に皆々様に出発前までに色々並々ならぬ御世話になり厚く御礼申し上げます〉

このエアメールによる報告こそが、後にソニー半導体技術の記念碑ともいわれるように

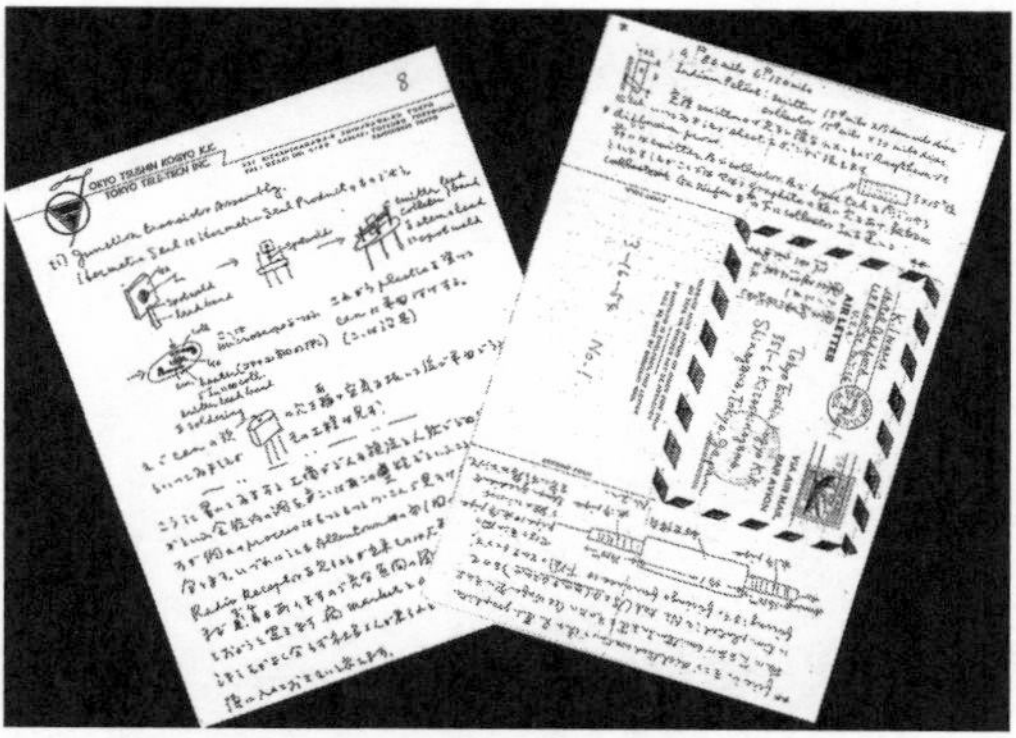
エアメールにびっしり書かれた技術レポート

なる「岩間レポート」の始まりで、取締役研究部長だった岩間和夫がトランジスタ技術視察のために渡米したときの報告書の綴りである。

ウエスタン・エレクトロニクス（WE）社との間で井深大がトランジスタ特許に関する契約を詰めるなかで、岩間が同社の工場やベル電話研究所でのトランジスタ製造や研究の一部を見学できるようになった。

このための視察に加えて、RCA社などアメリカ国内の研究所やメーカーにおけるトランジスタ開発事情を探りつつ、東通工トランジスタ開発のために自作する製造機械用のパーツなどの買いつけも行う。そんな大目的を持った旅だけに、逐一をレポートとして投函し続けたものである。

そして「岩間レポート」の第一回渡米分にあたる綴りは、この二十九年一月二十三日の通信から始まって四月一日の帰国直前のレポートまで、エアメール二十四通と封書七通の合計三十一通におよぶ。封書の場合はTOKYO　TSUSIN　KOGYOの社用箋七〜九枚にわたるから、レポート枚数に換算すると実に八十ページ強に及ぶ報告を、三カ月にわたって絶え間なく書いては送り続けたことになる。

そして、このレポートを日本で連日待ち続けたのは、岩間をリーダーにいただくトランジスタ開発プロジェクトのメンバーである。

なにしろ、トランジスタの基本と製造に関する理論までは、WE社から買った特許によって知ることができたが、商品上もっとも肝心な「具体的な製品の作り方」についてはノウハウ契約がないから知りようがない。

半導体の原料をどのように処理して、どんな製造装置を使って純粋結晶を作るか、その際の温度コントロールはどうして……といった製造方法のコツに相当する情報が手に入らないから、すべて自分たちで探りながらの作業となる。

しかも無残なことに、当時の東京通信工業にはロクな製造機械がなかった。機械といえるのは、二台の旋盤とボール盤、フライスくらいのもの。急遽、中古屋からスライス盤を買ってきたのはいいが、それも雨ざらしになって赤サビが浮き出た代物だったという。

こんな状況にもかかわらず、開発スタッフは研究設備を使っての開発研究の段階を省略して、いきなり商品としてのトランジスタ生産に乗り出すことになった。

ふつうなら、まず技術開発や製造研究によって商品として妥当な製品を決してから、本格的な生産装置を使った大量生産に着手する。ところが東通工の社長である井深大は「ヨソにない物をこしらえる」のがモットーだから、そんな手順は悠長すぎて許せないし、何よりもトランジスタではなくトランジスタ・ラジオを作る夢に賭けている。

「一つでもできれば、それは生産可能ということ」というのが井深の口グセなのだ。

そこで、トランジスタができる傍からトランジスタ・ラジオに組み込んで、商品として売るという曲芸的な仕事を目指したのであった。

「うちの方針」は決まった

当然、渡米中の岩間にしても資金的な余裕だけでなく時間的な余裕もない。できる限り詳しい先端情報を大量にキャッチして、一刻でも早く日本にいる開発メンバーに伝えたいという気持ちで一杯の状態であった。

第一報から一日おいて書かれた一月二十五日付けの第二報では、ＷＥ社では月産六千個

のジャンクション（接合）型トランジスタの製造を行っていると聞いたなどと報告した後、
〈当社（東京通信工業）の製造方針を話しましたら「今年中に試作でも出来れば俺はびっくりする。お前の方は器械を入れるのを急ぐようだが、試作が出来てからにしたらどうだ。何も高い金をかけて買う必要はない」といったような調子。やはり日本の技術を見縊《くび》っていました〉

「見縊るな」と憤っているところからも、後発としてアメリカから先進の技術を学ぼうとする謙虚さだけでなく「やればできる、決して負けない」という気迫が伝わってくるではないか。

　そうはいっても実態は徒手空拳でのトランジスタ挑戦だから、強気一点張りのレポートというわけにはいかない。

たとえば、二月一日のレポート。メーカーから一種のノウハウ契約を持ちかけられたとして、こう述べている。

〈このことに関しては私は勿論何とも云えないし社長が来てからの話にすることにしました。純技術的から見れば、勿論工場を三週間も実習させてくれ、その上器械施設と材料もつくってそのままくれるし、そうすれば五、六月頃より生産が開始されることになりますから代償条件は別として甚だイージーゴーイングな方法ですが、（ＷＥ社工場のある）アレンタウンその他を見るまで今しばらく技術的にどの位価値あるかどうか考えさせて頂きたいと思います〉

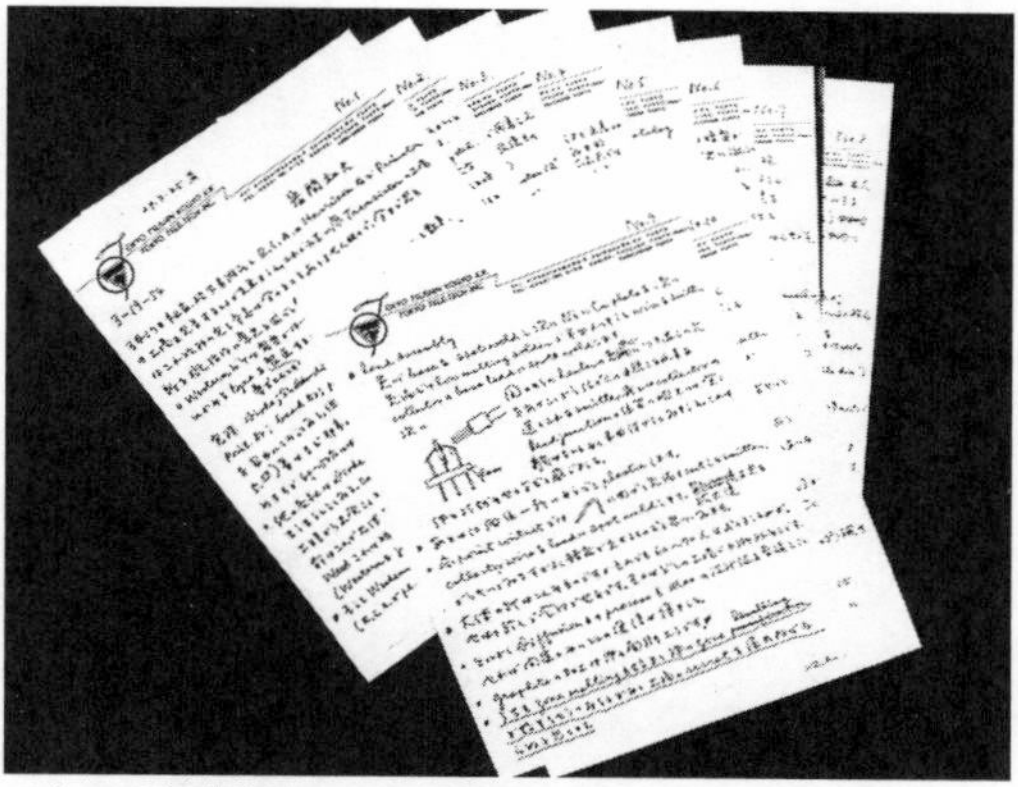
スケッチと英語まじりの詳細なレポート

初めてのトランジスタメーカー訪問ということもあって、東通工としても早くトランジスタの製造を始めたいという気持ちが動く。それには、安易だがノウハウ提供まで含めた契約も選択肢としてありうるかも、という少し弱気な部分が感じられる。

しかし、こうした「製造に関するノウハウまで買う」といった表現は、この後は一切でてこない。

二月二日のメールでは Western のLicense、つまりＷＥ社との特許契約に関して打ち合わせた後、アレンタウンにあるＷＥ社工場見学の打ち合わせをし、

〈とにかく製造施設のことを強調しましたら下記の写しをくれました。名前とメーカーのみで仕様書は出来るだけ私から調べ、必要なら見本を買いたいと思います〉
として、ボール・ベアリング、エア・シリンダー、マイクロ・スイッチ……など細々とした部品の名とメーカーを列挙して、
〈トランジスタの諸君はすぐこれだけでもピンとくるはずです〉
と結ばれている。どんな部品をどのように使うのか、トランジスタ開発プロジェクトのメンバーなら当然知っているはず。現場は頼んだぞ、というわけである。
その後、少し間があいたと思ったら、
〈小生永らく御無沙汰致しましたが、四日ゲルマニウム・プロダクト社を視察し、五日待望のアレンタウンのウエスタンの工場で一日過ごしましたが、すっかりへとへとになり、六日から昨九日まで四日間ついに扁桃腺が発熱しベッドの中に寝込んでしまいました。しかし今日はすっかり平熱になりよくなり社長（井深大のこと）さんと午後からずっと一緒に居りホテルに帰ったところです。かようなわけでよくなりましたから決して御心配なさらないよう御安心下さい〉
そして一応の結論として、

・ＷＥ社は予想どおりあらゆる種類のトランジスタを作っているがその用途は不明
・トランジスタだけはまだコマーシャルベースではない
・ＷＥ社ではシリコンに徐々に熱を上げはじめている
・規模はラジオ・レセプター社の四倍ほどであるが猛烈に清潔

加えてゲルマニウム結晶の扱いなどにも触れたあと、〈うちの方針！〉として、以下のような具体的な注文を送っている。プロジェクトメンバー同士の通信だけに難解な部分ばかりだが、雰囲気だけでもつかんでもらいたい。

○今こそ我々だけの力で充分やれる時です、我々のやりきれない所は必ずないはずです
○引き上げ炉は現用の炉以外は全部一度中止されたし
○ゲルマニウム・トランジスタとして当面Diffusion Tipe Ｐ‐Ｎ‐Ｐ（拡散型トランジスタを示すが後述）のみの製造を第一目標とされたし
○シリコンは最大の関心をもたれたし。フォト・トランジスタも必ずこれになる（筆者注・事実そのとおりとなった）
○成長型ゲルマニウム・トランジスタは多少性能はよいが、あきらめた方がよい
○至急、ゾーン・リファイニング装置と単結晶の炉を作られたし

○とにかくもう公表されたのだし機械がこなくても必ず出来る。六月を月産百個、七月より千個、八月二千五百個位を目標にして進められたし

〈今こそ技術者自ら現場に立ち、あらゆる条件を頭に入れて、しかも活発にかんがえ記録をとり、やられれば道は必ず開けます〉

こう日本のスタッフに檄を飛ばしている。

「穏やかで寡黙な人だが、ひとたび口を開くと決して曖昧なことは言わない。要点をムダなく端的に話す。岩間さんの言うことには逆らいようがないと思われるほど厳しくて、その言葉には誤りがない」

これがソニー社内、特に岩間の下で働いた技術畑の人に一致する岩間評である。

となれば、彼はこの時点ですでにトランジスタ・ラジオの開発を確信していたとしか思えない。いや、プロジェクトリーダーが確信しているのだから開発成功は間違いないと、メンバーに思わせるだけの人望と情熱を併せ持っているのが岩間だ、と表現すべきなのであろう。

もちろん彼自身もアクセルを踏み込み、翌日からアレンタウンにあるWE社の工場とマレーヒルにあるベル電話研究所に通いつめることになる。

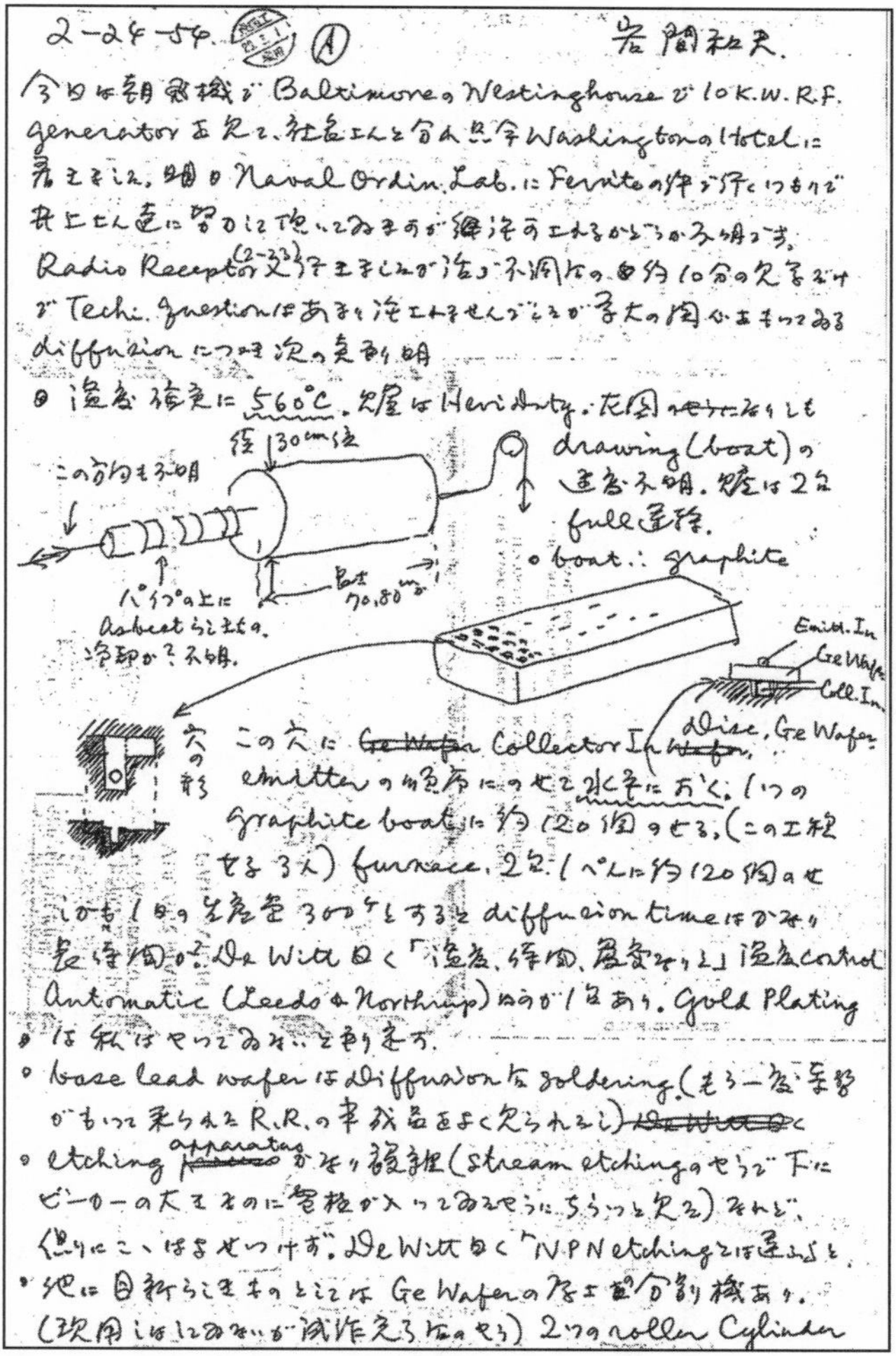

日本で待つプロジェクトメンバーに情報を送り続けた

それらの合間に、他のトランジスタ・メーカーや製造機械メーカーなども駆け回り、目にしたもの耳にしたもののほとんどすべてをレポートとして書きまくった。

特に重要なだけに苦労したのは、前述のようにすでに生産に入っているWE社の製造に関わる報告であった。

工場内は写真撮影が厳禁なだけでなく、メモも禁止されていた。それでも、せっせと製造現場の様子を見て回っては、案内人というより見学者の見張り番と表現した方が正確な付き添い役に、馴れない英語を使ってしつこく聞く。

そのなかで岩間は見るもの聞くものすべてを、自分の目と頭に焼き付けるように観察してくる。そして一日散にホテルに戻り、記憶してきた内容を報告書にたたきつけるように記していった。

実際、今レポートを読むとかなりの誤字や脱字、さらには文脈としても変なところが結構あって、あれもこれもと書き進むのが精一杯だったことが見て取れる。しかしその一方で、目にしてきた製造装置や部品などの構造図が随所に描かれていて、本当にメモなしの記憶だけで書いたものなのかと、つい疑いたくなるほど詳しい内容にもなっている。

プロジェクトのメンバーは、こうして送られてくるレポートの内容とスケッチを頼りに、設計図を作って試作にまで漕ぎつけた。

命がけの熱意と努力

それもこれも、東京通信工業とＷＥ社との契約は基本特許実施権だけで、他社のようにノウハウ契約ではなかったことによる。生前の岩間もこう自ら語っている。

「したがって装置の仕様書とかそういう類のものはいっさいない。そこで見聞した情報をどんどん送ったわけです。しかもその報告書は一回に、普通の便箋に小さい字でびっしり書いたものが五〜十枚ぐらいになる。それを二日か三日おきに出していたのだから、われながらよく書いたものだと思います」(中川靖造『日本の半導体開発』)

余談だが、以降こうした仕事ぶりはソニー社内の常識となって、海外に出張する社員は詳細なレポートを旅先から送ることが義務となったそうだ。

「もちろん、毎日のように書いては送るという猛烈な熱意を感じるのですが、この岩間レポートの凄さはもっと別のところにあるんですよ」

こう、かつて岩間の部下だったソニーのベテラン・エンジニアが教えてくれた。

同じ頃にはソニーの岩間だけでなく、トランジスタ開発の情報を求めて多数の日本人エンジニアがアメリカに渡った。彼らはほとんど例外なく、少ない手持ち金と相談しながら多くの情報を求め歩き、その情報を寸暇を惜しむように日本の本社へと送り続けた。

その点では、特に岩間だけが特別な行動パターンを示したというわけではない。注目すべきは「彼の半導体技術を見る目」の詳細さ、鋭さなのだと説明する。

「フリーハンドの図ですが、メカニズムの図面や電気回路の図面からはじまって、化学分子の構造式があるかと思えば半導体の回路図も出てくる。もちろんトランジスタ製造に欠かせない半導体の結晶装置の外観スケッチもきっちり描かれている。ちょっと考えてもらえば分かりますが、自分が理解できないものを正確に描くなんて無理だから、いかに岩間さんが多方面の技術を理解していたか示す、動かぬ証拠というわけです」

トランジスタ開発に必要と思われる技術分野をざっとあげてみても、金属・資源、物理・化学、電気・機械、システム設計、計測・制御、生産管理といった専門分野が思い浮かぶ。もちろん、それぞれに一人ずつ必要というわけではないが、新技術を生産技術にまで落とし込むにあたっては、異なる分野の専門家集団による共同作業が望ましい。

事実、トランジスタ開発のために岩間に呼ばれた最初の五人は、それぞれ異なる分野の

昭和29年（1954）、渡米先のトランジスタ工場で。右から岩間和夫（34歳）、井深大（45歳）

エンジニアだったことを思い出してほしい。

しかし資金難の東京通信工業としては、複数の専門家をアメリカまで送り出すなんて出来ない相談であるのは最初から分かっている。このハンディを「元・地震屋」の岩間和夫が熱意と根性で乗りこえた点が、最も称賛に値するのだという。さらに、

「岩間レポートは半導体の文献がない時代に書かれたわけですが、現在の成熟期に入った半導体技術から評価しても、じゅうぶん通用する内容を持っている。当時の命がけの熱意や努力が溢れている力作です」

当然、レポートを待ちわびては読みふけるプロジェクトメンバーも燃えに燃えた。機械屋の茜部が工場内部のスケッチをもとに必要な装

置や機器類を作り、物理屋の塚本と岩田は化学屋の天谷とともにゲルマニウム結晶の製造に没頭する。そして電気屋の安田は、試作したトランジスタの特性の測定法を工夫する、といった具合に開発は進んでいった。

そして、

〈これがいよいよ最後の報告です。大変永い間有り難う御座いました。羽田でお会いできる日を楽しみにしております〉

こう第一回渡米の締めくくりを書いたレポートの日付は昭和二十九年四月一日なのだが、これを読むメンバーの手元には、何と試作に成功したトランジスタの実物があった。点接触型トランジスタと接合型トランジスタが、岩間の帰国を待つことなくできていたのである。

そして七月には、この二種類のトランジスタを使ったトランジスタ・ラジオの試作品も完成させることになる。岩間がプロジェクトメンバーを招集して未知の技術への挑戦をスタートさせて、ほぼ一年で井深念願のトランジスタ・ラジオにまで到達したのであった。

こうした経緯もあって、「岩間レポート」はソニーの半導体史の輝ける第一ページとなった。

「しかもレポートの枚数が何と二百五十六枚、ですからね」というソニーマンの声があるのを一つの逸話として紹介しておきたい。

パソコンに馴染んでいる人はすでに気付いているかもしれないが、二百五十六という数字を「ニゴロ」と読むと、じつは半導体技術を語るなかで特定の意味を持つ。トランジスタの発展形として登場してくる集積回路（ＩＣ）では、文字通りチップ上での素子の集積度が大きな課題となってくるのだが、その密度は2→4→8→16→32といった具合に倍々ゲームで増える。

三十二からさらに倍々計算を続けると六十四、百二十八の次に二百五十六という数字が現われる。しかも、たとえば現行のパソコンのメモリーとして二百五十六ＭＢ（メガバイト）のものがあるように、能力なり規模なりを表現するとき「ニゴロ」という数値がよく登場する。

もちろん、岩間レポートが書かれた頃にはパソコンどころかＩＣさえ登場していないから、こうした数値が半導体と関連して登場するはずがない。しかし、

「いや、岩間さんなら当時から半導体の将来を見通していたはずだから、何らかの意味を含めて二百五十六枚のレポートを作製したに違いない。トランジスタの開発が半導体の未

来を拓くというメッセージなのです。この思いは私だけのものではなく、当時の岩間さんを知るエンジニアすべてが頷く解釈なのですよ」

この説明に、私は虚を衝かれて一瞬何の反応もできなかった。まさか当時そこまで考えられるはずはないとも思うが、もちろん証拠はないし、ひょっとしたら実際予測していたとしても（そうなったのだから）まったく不思議ではない。

「常に真面目で理性的な紳士なのだけど、言動に不思議なユーモアがあって、それがまた岩間さんの信頼性につながった」と岩間の人となりを説明する人が多い。後に社長となってからの会議でも、大ファンだった巨人軍が戦っている日本シリーズの経過を、隣室の秘書からメモとして入れさせ密かに楽しんでいた、という人である。

ちょっとしたイタズラ心から、トランジスタ開発への突進は半導体時代への幕開けであることを、二百五十六枚というレポート集の中で暗示したとしても、不思議ではないのかもしれない。

それよりも何よりも、こうした検証不可能な神話が残っていること自体が、岩間のソニーにおける存在感を、さらには日本の半導体を牽引したという事実を物語っている。そう理解するべきである、と私は納得したのであった。

あくまでもトランジスタ・ラジオ

さて、こうした突撃的なプロジェクト推進によって、東京通信工業のトランジスタ開発の基礎段階が終り、約八カ月後の昭和三十年正月にはトランジスタを使ったラジオが初めて鳴る。そして、この試作トランジスタ・ラジオを原型として生産型第一号であるスーパー受信機の「TR－52」が誕生し、さらに同年八月には実質的な第一号機となる「TR－55」が、日本初のトランジスタ・ラジオとしてマーケットに登場することになる。

こうして一時はソニーの独走状態となるのだが、その大きな理由のひとつとしてトランジスタの製造法があるので、その構造に関して若干の説明を加える必要がある。

歴史の時計は若干戻る。

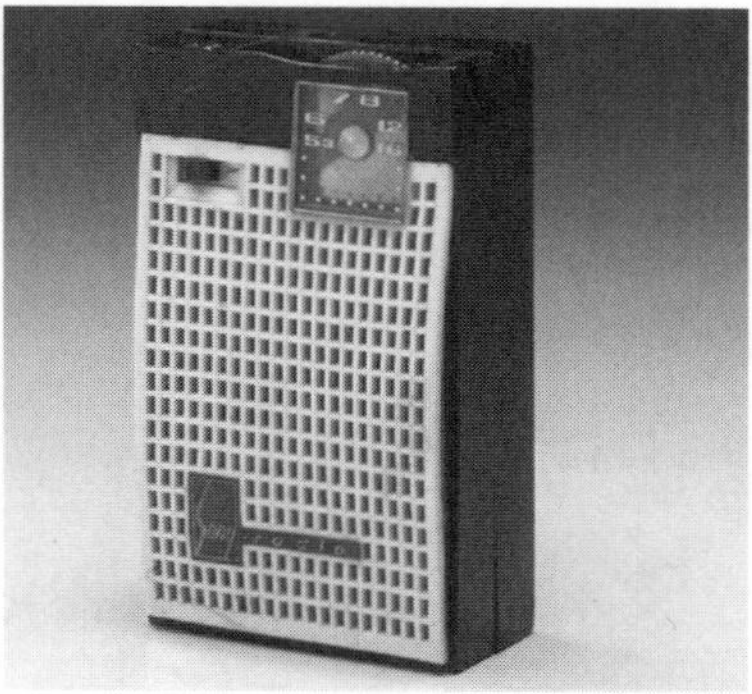

製造第一号機TR-52型トランジスタラジオ。“国連ビル”ラジオと呼ばれた

トランジスタの構造として、最初はショックレーなどによって点接触型が作られたが、間もなく同じショックレーの発明による接合型トランジスタが実用的かつ高性能であるのが分かった、と前に述べた。

改めて接合型の特徴を簡単にいえば、半導体（ゲルマニウム）結晶の中に「電子が豊富なN領域」と「電子が足りないP領域」を作ることでNPNまたはPNPというサンドイッチ構造を持たせてある。

問題はその接合方法つまりサンドイッチの作りかたで、ハムサンドならハムにあたる中間層を、どのようにしてパンで両側から挟むかが課題となっていた。

わかりやすい方法はハムの両側にパンをくっつけてやる手法で、これを合金（アロイ）型と呼んでいた。東通工を除く日本メーカーはRCA社などからトランジスタ製造ノウハウを買っていたが、その方法もおおかた合金型であったし、アメリカの主流も合金型であった。

それだけトランジスタとして作りやすかったのだが、ラジオに必要な高周波の増幅が苦手だという大きな難点があった。サンドイッチ内部のハム部分が薄いほうが高周波の増幅性能が良いのが分かっていながら、くっつけるという製造方法上あまり薄いものが作れなかったのが主な理由だ。

その難点をクリアできる可能性をもった製造方法が、もうひとつの成長（グロン）型であった。文字通り結晶を成長させていきながら作る手法で、まずN型となるようドーピング（不純物を加えて結晶内に自由に動く電子を作る作用）しながら結晶を育て、途中からドーピング用物質の種類を変えてP型とし、再びN型となるように結晶を育てて終わる。こうしてできたひとつの結晶を輪切りにすると、NPNと層になっているのが理解できるはずだ。

熱い注目を浴びたトランジスタラジオ「TR-55」

この成長型では、Pを作る時のサジ加減ひとつでかなり薄いハム部分もできる。合金型では作れない薄いハム部分が作られる、つまり高周波特性の良いトランジスタができる可能性があるのが分かる。

ただしあくまでも可能性であって、実際の

サジ加減としてはドーピング用物質が多過ぎれば成長型としての特徴がでないし、少な過ぎれば増幅作用そのものが機能しない危険性も高い。要するにトランジスタとして高性能が期待できるが、製品としての歩留りがあまりに悪いという、致命的な問題点があった。

それにもかかわらず東京通信工業が選んだのは、この成長型トランジスタの方だった。その理由は明確で、井深が求めたのは単なるトランジスタ開発ではなく、従来の真空管式ラジオに取って替わるトランジスタ・ラジオの開発であったことによる。歩留りがどうのという前に、高周波が扱えないラジオなどナンセンスなのだから、成長型にこだわる他なかったというわけである。

では、先の岩間レポートは何だったのだという目敏い人がいるかもしれない。前に紹介したように、レポートの中で岩間は「成長型はあきらめた方がよい」と進言している。彼自身が書いているように、性能は良いが問題点が多いという意見だ。

だが結果としては、成長型トランジスタを使って初期ラジオを開発している。このあたりの具体的理由は明らかでないが、「ソニー第三の男」である岩間の哲学「上の二人が同意見ならオレは何もいわない」に照らしてみれば、不思議でも何でもない。

何がなんでも東京通信工業としては、つまり井深と盛田としては、トランジスタ・ラジオを世界で最初に作りたかった。そのためには、たとえ歩留りがほとんどゼロの状態であっても、技術的な可能性がある限り挑戦してモノにしてやる。そうした発想に、岩間が素直について行ったとしてもおかしくない、というより発想を変えるのも当然というべきなのである。

こうした企業としての振るまいが、またソニー的な特徴といえる。実際に、以下のような経緯の記録があるので紹介しておきたい。

東京通信工業がトランジスタを開発しているという噂は、二十九年のはじめごろから業界で取り沙汰されていた。しかし安定した技術を持たなかったトランジスタを民生用に使うには、問題がありすぎて実用化には遠いとの考えが大半だった。

そんなところに「ソニーがトランジスタ開発」のニュースである。

前述の『日本の半導体開発』によると、他の大メーカーで半導体開発をしていたエンジニアが以下のような話をしたという。

「ソニーさんは大したものです。テープレコーダーで頭角は現していたが、当時は会社規模も小さいし、失敗すればどうなったかわからないという状況でしたからね。もちろん、私どももトランジスタには関心を持っていた。それどころか、あのころ私は、こういうパイオニア的な仕事は日本電気や日立、東芝といった業界の大手が背負うべきだ、それをしないで、ソニーが成功するかどうか傍観しているのは少しずるすぎやしないかと、上の人に噛みついていたほどなんですよ」

日本のメーカーばかりではない、アメリカでもトランジスタを民生用に使うなど考えもしなかったと伝えられる。

当時、新興企業としてのソニーは「他にやることがなかった」のも事実だが、他がやらないことを技術的に可能とする能力と活力こそが看板であった。そして、その看板を体現しつつ走る井深大と盛田昭夫を、陰で支えているのが岩間和夫という存在であると、岩間レポートを改めて読むことで実感できるのである。

第5章

トランジスタの原理をつかめ

世の中を変える技術だ

百個作ったうちで実際にトランジスタとして使えるものは一〜二個しかない——そんな極端に低い歩留りに苦しみながらも、昭和二十九（一九五四）年末頃にはトランジスタ・ラジオの試作開発は佳境に入っていた。

この頃、東通工製のテープコーダーが大人気で同社の儲け頭ともなっていたのだが、その利潤の大半をドンブリ勘定的に開発費として注ぎ込むという猪突猛進ぶりだった。さすがの井深大も後になって「一時は資金的にみても、もうダメかと思った」と回顧しているほどである。

そんなところに、仰天するニュースがアメリカから飛び込んできた。アメリカのリージェンシー社というラジオメーカーが、四石のトランジスタを使ったラジオを開発して、クリスマスシーズンめざして発売を始めたというのだ。

これで「世界初のトランジスタ・ラジオを作る」という東京通信工業の夢は、泡となって消えてしまったのか。

じつのところリージェンシー社のラジオは、テキサス・インスツルメント（ＴＩ社）からトランジスタを買って作ったもので、自社製トランジスタを搭載したラジオではない。だから実質上の世界初をめざすなら、東通工は急がなければならなかった。

翌年の一月、接合型トランジスタを五石使ったラジオの試作に成功し、それは開発に着手した年にちなんだナンバーを持った「ＴＲ‐52型」と名付けられた。早速三月に入ると、アメリカとカナダに向かう盛田昭夫が商品サンプルとして持参したのだから、さすがソニー・スピリットというべきなのだろう。

このときのＴＲ‐52には初めてＳＯＮＹのマークが付けられた。東京通信工業あるいは東通工ではアメリカ人に発音できないから、皆で考えに考えた結果、「音」の語源にあたるＳＯＮＵＳと「小さい坊や」といった意味を持つＳＯＮＮＹから作ったのだという。

盛田がアメリカで行った商談で、このＳＯＮＹマークをめぐって論争が起きたことがあった。

大手の時計会社ブローバー社から十万台ものオーダーが出そうになったのだが、その条件としてラジオにブローバー社の商標を付けろという。無名のＳＯＮＹでは売りようがない、我が社には五十年かけて著名な存在となったブランドがある、というのが先方の言い分であった。

これに反論して盛田いわく、

「我が社も五十年後には、あなたの会社と同じくらいにSONYを有名にしてみせる。だから、この話はノーサンキューだ」

結局、このTR‐52はキャビネット強度に問題が出たりしたため正式発表を断念し、八月に発表した「TR‐55」が日本初のトランジスタ・ラジオとして市場に登場することになる。価格は一万八千九百円で、当時の学卒の初任給（七千〜八千円）の優に倍以上だった。

そして、「もはや戦後ではない」と経済白書が宣言した昭和三十一（一九五六）年がやってくる。設備投資は前年の五割増となって技術革新をよび、家庭生活は電気洗濯機・電気冷蔵庫・テレビの「三種の神器」時代へと向かった。

この年の五月に東京通信工業は創立十周年を迎えた。この十年間に資本金は十九万円から一億円になり、従業員も設立当時の十倍を越える四百八十余名になっていた。工場も御殿山にある本社工場の他に仙台工場が作られていた。

トランジスタ月産三十万個体制を確立した東通工、これを追いかける東芝がトランジスタ試作を開始、といった状況であった。

「あっという間の十年間」というのが東通工設立メンバー共通の感想だったが、事業面では開発着手から三年足らずで生産にまで乗り出したトランジスタ・ラジオの製造や出荷に大忙しとなった。

東京通信工業での会議風景（S31）。左から3人目が岩間和夫。右回りに一人置いて、盛田昭夫、井深大

まず「TR‐55」が輸出先のアメリカで熱い注目を浴びた。小型のうえに電池の寿命が圧倒的に長いという、ポータブル・ラジオに必要な特質をトランジスタがかなえた点が、一般大衆の評価を得たのであった。

ちなみに後の平成四年になって井深大が、産業人として初めての文化勲章を受けることになるが、そのときの選定理由は「実質的世界初のトランジスタ・ラジオの商品化」であった。

だがこのTR‐55は、それまでのミニチュア真空管を使った小型ラジオに比べると、音質などの性能は決して良くなかった。

しかし、続いて年末に発表された「TR‐72」（一万三千九百円）は真空管式ラジオに負けない性能に改善され、超ロングセラー商品となる。今から見ると、真空管が主役の時代からトランジスタが先導する半導体の時代への、転換を初めて実感したブームだったといえる。

ちょうどこの夏、東通工に「実習生」として通っていたのが大阪大学の四年生だった金田嘉行（元ソニー代表取締役副社長）である。

その頃の状況を、私に以下のように語ってくれた。

「当時の私は金属材料の勉強をしていたのですが、東通工から『夏休みの工場実習に来ませんか』との誘いを受けたんです。その実習内容がトランジスタだというんですね。その前の講義で、トランジスタという真空管に代わるものが現われた。それは特殊な金属材料を使って特殊な製法で作るんだ、と聞いていました。そして教師から『これからの君たちは、鉄だの銅だのといった大型金属だけでなく、こうした新しいものに目を向けなくてはいけない』とも聞いていたので、東京の東通工に行ってみる気になったのです。初めての上京でした」

金田たち実習生を出迎えたのは、半導体部長の岩間和夫取締役だった。

「岩間さんは『おう、来たか』といった調子で出迎えてくれました。そして、半導体技術の開発研究には電気の専門家だけでなく、化学、金属といったいろんな専門家が必要なんだ、と話していたのを覚えています。

昭和31年（1956）当時の、東通工（現ソニー）の本社

トランジスタの歩留りが悪いので、その理由を調べるのが実習のテーマだといわれて、二十日間ほど実験した結果をレポートで提出しました」

秋になって金田の元に東通工から「入社試験を受けないか」との誘いがあり、試験を受けた三日後には入社決定の通知が届いたという。この時初めて、東通工が大学新卒者を大量に採ったはず、だと金田は記憶している。

「そこで卒業後すぐ、柳行李ひとつ持って大阪から東京に出て、四畳半の下宿から五反田の会社に通い始めたのです。しばらくして親父が上京のおりに東通工の建物を見たらしく、『オマエは何という会社に行ってるんだ』と仰天していました。決して立派とはいえない木造三階建ての本社で、研究室もやっとできたばかりという会社だったのだから、無理もないのですが……」

金田が所属することになったのは、半導体部長の岩間が直接率いる、半導体製造技術課、半導体製造課、半導体研究課、この三課のうちの半導体製造技術課だった。トランジスタ製造の歩留りを上げるための技術開発、製品の劣化を防止する技術の探求、などが主な仕事であった。

「その当時、トランジスタ一個が三千円でした。私の月給が一万二千円だったのだから、いかに高いものだったか。

しかし岩間さんは『ピース』の箱（当時三十円から四十円）を見せながら、『やがて、このタバコより安くなるよ。これからの世の中を変えていく技術だ』と話していました。私は、へェーそんなものかといった程度の感想でしたが、岩間さんには先が見えていたんでしょうね」

岩間にとっては、自分が率先牽引してきたトランジスタの技術が、今まさに花を開こうとしている。そんな気持ちと気力の充実ぶりを示しているエピソードではないか。

フィロソフィーに戻れ

しかし、ひとたび製造現場に立ってみれば、そうした先の明るさを手放しで喜ぶわけにはいかない状況が展開されていた。

ラジオの心臓部ともいうべき高周波トランジスタの収率が一～二パーセント。つまり百個作っても、ラジオ部品として使えるのがせいぜい一個か二個という、極端な歩留りの悪さに悩まされていた。しかも、それぞれの特性にバラつきがあるため、各トランジスタに合わせてラジオの回路を調整しながら組み込むという、工場とは名ばかりの手作り生産の状態であった。

当然、急増するラジオの需要にトランジスタの生産が追いつかなくなり、製造の方法や体制の見直しが急務となってきていた。

そうでなくても、「ソニーラジオ（つまりトランジスタ・ラジオ）」の人気と可能性に驚いた電機メーカー各社が、追撃の体制を準備しつつあった。

企業としての体力に優る彼らの生産体制づくりが本格化する前に、明らかな技術格差をつけておかない限り「東通工の明日」は保証されない。

こうした認識は、井深大、盛田昭夫の両トップだけでなく東通工全体が所有していた。だが、最も緊迫感を持って受け止めざるを得ない人となれば、半導体部長の立場にあった岩間だろう。

彼が口癖のようによく使う言葉のひとつに「フィロソフィー」というのがあった。エンジニアだから哲学と訳すより原理と理解すべきだろう。正しい技術は明確な原理に基づいているはずだし、技術の選択に迷ったときは何はともあれ基本原理に戻ることが大切だ、といった内容を「フィロソフィー」という言葉に託していたのだ。

この時も、まさにフィロソフィーが必要だった。

前に述べたように「接合型トランジスタ」の代表的な製造方法としては、東京通信工業が採用していた成長型とは別に、合金型とよばれる製造方法が知られていた。その名のとおり、ゲルマニウム結晶板の両側に同じ種類の不純物を載せて、一体化してやる合金作業によってP‐N‐P（またはN‐P‐N）のサンドイッチ構造を作り出す。

三層構造を作るのだから三枚合わせるという発想は、ある意味で分かりやすく合理的にも見える製造方法である。実際、この合金型の製造方法に関しては、RCA社やGE社などが特許を持っていて、日本メーカーの中にも彼らとノウハウを含む特許契約を結んでいる企業が多かった。

東通工の半導体技術リーダー岩間も（岩間レポートに見るように）、初期段階では「成長型」か「合金型」のどちらを選択すべきか、迷っていたといわれる。

しかし、ラジオに欠かせない高周波用トランジスタの製造には、高性能を約束する薄い中間層を作りやすい「成長型」のほうが向いている。しかも、不純物の添加に手間がかかる「合金型」に比べて、一つの結晶から多数のトランジスタが切り出せる「成長型」のほうが製造効率が良い。つまり量産に向いた方式だと判断したという経緯がある。

この決断を元に、自分たちの力で成長型トランジスタの製造装置を開発したことが、発売の翌年に訪れたソニーラジオのブームにつながったわけである。

ところが、トランジスタ・ブームでラジオの量産要求が高まるなかの「歩留りの悪さ」とあって、東通工のトランジスタ製造法を改善せざるをえない。それまで勘に頼って作っていたといわれてもしょうがない手法が、量産体制を求められたことが切っ掛けとなって、改めて是非を求められるという瀬戸際に追い込まれた。そうなれば当初の岩間による判断を見直すべし、との声が高まっても不思議ではない。

実際、部内には「成長型トランジスタを放棄してRCAの合金型に変更するべきだ」という議論もあったといわれる。その頃になると合金型の高周波特性がかなり改善されていて、合金型への変更も考えられないことではなかった。このため端的にいえば、独自方式を捨ててRCAの特許に頼った方が確実ではないか、というわけだ。

それでも結局、井深も岩間も成長型を捨てようとせず、もういちど独力での技術改良を目指すことになった。

「零細な駆け出し企業だから、さらなる出費に耐えられなかったのか。あるいは苦しんでも独自の技術を身につけなければいけないと考えたのか。多分その両方だと思います」というのが開発メンバーの一人、塚本哲男の回想である。

結果からいえば、この選択は東京通信工業に大成功をもたらす。それどころか、江崎玲於奈のノーベル物理学賞受賞という、大きなおまけを生むきっかけも作った。

それは以下のような流れを持つ話である。

責任はすべてオレが取る

これからも「成長型トランジスタ」で行くと決めた東通工では岩間の大号令によって、歩留りの大幅上昇を目指して、トランジスタの製造工程のすべてを改めて見直す作業に着手した。まさに「原理に戻る」フィロソフィーである。

その中で出てきたのが、成長型トランジスタの中間層を正確に薄く作る方法である。

接合型はＮＰＮ（逆のＰＮＰもある）という三層構造になっている、とは前に述べた。初期の東通工製トランジスタでは、Ｎ層を作るにはアンチモンという物質を不純物として加え、Ｐ層を作るにはガリウムを不純物として加えていた。ゲルマニウム結晶が育つなかで、アンチモン、ガリウム、そして再びアンチモンと加えることで、三つの層が形成される。

この、ベストと考えられていた方法に問題が発生している。Ｐ層をミクロン単位で薄く作ろうとするとＮ層と作用しあってしまい、しっかりとした層にならずに電気的な問題が起きて使い物にならなくなる。

ならば、Ｎ型不純物をアンチモンからリンに変えたらどうだろう、と発想したのが前出の塚本であった。リンはアンチモンと良く似た性質を示す物質なのだが、アンチモンに比べてゲルマニウムへの溶け込み量が多い。そうなれば、より効率のよい増幅能力が期待できるだけでなく、Ｎ層とＰ層との境界を明確に作ることが可能になるのではないか。

この方法については、ベル電話研究所のデータにもとづく常識として、アンチモンとリンでは性質に変わりはないとされていた。すでに否定されたはずの方法なのだが、「それしか道がなかった」(塚本の言葉)のだから、やるしかなかった。

そして何と、常識にチャレンジした試行錯誤が功を奏して完璧なP型層が生まれ、高周波特性が何と従来の五倍以上というトランジスタが生まれた。

塚本は「できたできた」と、測定値を記録した特性表を見せに岩間の部屋に駆け上がった。すると岩間が飛び上がらんばかりに喜んで叫んだ。

「これはいい、行け行け!」

そして付け加える。

「責任はすべてオレが取る」

しかし、これでメデタシというほど現実は簡単ではなかった。

この、リンを使った新しい東通工製トランジスタを載せたラジオの製造ラインが、岩間の指示によって走り出したのはよいが、間もなく突然止まってしまった。できあがったトランジスタが作動しないのである。

こんどは井深大が叫ぶ番だった。

「塚本、キミは会社をつぶすつもりか」

そんな大騒ぎのなかで、もういちど製造工程を入念に調べることになった。

そこで判明したのは、リンによって高周波特性が向上したのだが、リンが入りすぎるとNP接合部分が期待した効果を発揮しない、という事実だった。

昭和31年（1956）、東通工創立10周年を迎え、社員一同勢揃い

そこで東京通信工業の研究者だった江崎が、見直し研究の一環としてPN接合部分の性質調査を担当することになった。

リンを加えて作ったN層がP層との間でどんな電気的傾向を示しているのか、リンの濃度を上げていくとどのような現象が起こるのか、その限界はどこか、などに関して改めて検証することになった。

このため加えるリンの濃度を増加しながら性能を見て行くと、普通なら電圧を上げるに従って電流も増えるという現象が見られるのに、条件次第では逆に減るという奇妙な現象が現われた。

このデータを測定助手に示された江崎は、学説として存在が予測されていた「トンネル効果」ではないかと直感した。

電子のような小さな粒子では、自分が持っているエネルギーより大きなエネルギーがある場所に、(常識で考えたら障壁が大き過ぎてハネ返されそうだが)まるでトンネルを掘ったようにして入り込む。そんな現象がトンネル効果だと考えてもらえばよい。

そこから実験を重ねた江崎は、与える電圧を増やすと(通常の逆の作用として)電流が減るという「負性抵抗」を持つ「エサキダイオード」の製作に成功する。これによって江崎は後年、ノーベル物理学賞を受賞することになるのである。

じつのところ、このエサキダイオードに関するエピソードについては、ソニー関係者の中では必ずしも歓迎されていない印象がある。

ひとつには、エサキダイオードそのものがノーベル賞という鳴り物入り製品となった割には、使い途に恵まれずにビジネスとはならなかった点に原因がある。

私の推測も交えて有体にいうならば、会社が製品トラブルで困惑している最中に貴重な大発見になりそうだという理由で、製品改良の研究から外れて基礎研究をやらせてもらえた。その結果できた製品が売れないのだから世話はない、といった雰囲気が当時なかったとはいえない。

そうでなくても半導体部長の岩間以下、次世代のトランジスタを求めて奮闘していたんだぞ、というわけである。

しかしこれもまた岩間和夫の「フィロソフィー」だとして考えれば、岩間が江崎に研究の続行を命じた理由もよく分かる。技術の将来像を合理的に見通すには、常に原理原則に立ってみるという姿勢が欠かせないし、それこそが岩間の持つフィロソフィーのひとつだ。

そうであるならば、たとえ緊急事態が発生して急遽、対策が求められたとしても、その過程で見つかった新たな事実に関しては、きちんと整理しておく必要がある。たとえ、それがすぐに役に立たないにしても、大原則は決して古びることはない。

つまり、江崎玲於奈が重要現象を証明したことでノーベル賞をもらった、と書くだけでは不十分なのであって、江崎の発見が世に出せる形になるよう研究の場が与えられたという事実が重要となる。

学者・岩間和夫が、江崎の上司エンジニアとしてその場にいたからこそ、と評しても決して間違いではないだろう。

ソニーラジオが欲しい

ところで、こうした東京通信工業のトランジスタ・ラジオ発売をきっかけとして、昭和三十一年から三十三年頃にかけての日本では、トランジスタの製造販売がブーム状態に達することになる。

三十一年だけを見ても、七月に東芝が横須賀工場にトランジスタ試作課を立ちあげ、NECは八月に電子管工業部の中に半導体開発部を設置し、九月には日立製作所が中央研究所にトランジスタ部を作って工業化を図り、三菱電機も年内に中央研究所に試作工場を完成させている。(『日本半導体50年史』)

それまで小規模で(会社によっては不承不承といった感じで)細々と研究に手をつけていた企業が、ソニーラジオの市場での成功に刺激されて一斉にダッシュした、というわけである。

この動きをさらに激化させたのは、東京通信工業が昭和三十二年に発売したポケッタブル・ラジオ「TR‐63」の人気であった。

ポケッタブルという和製英語が示しているように、ワイシャツなどのポケットに入れることができるサイズのラジオで、トランジスタという極小増幅器をつかうメリットを最大限アピールする「軽薄短小」の商品であった。

現在の感覚をもとにすると至極当然の発想のように思うだろうが、トランジスタ・ラジオが登場して間もない当時としては、小型化するにしても専用部品が何もないという問題点があった。

真空管式ラジオにはポータブルタイプがあって、それなりに小型の専用スピーカーが作られていた。だが、卓上に置く小型ラジオとポケットに入るラジオでは部品サイズが全く異なるから、ポケットに入れるラジオという商品コンセプトを実現するには、ラジオ用の部品すべてを軽薄短小化しなければならない。

すべてを自製するわけにはいかないから、必要部品を捜したり製作を依頼することに大変なエネルギーを要した。その代表が超小型のスピーカーで、メーカーに説明すると、「スピーカーは大型だからこそ良い音が出るのに、できるだけ小さくしろなんてとんでもない注文だ」
と追い返されるように断られる日が続いたという。他の部品などに関しても推して知るべし、である。

そうして完成させたポケッタブル・ラジオだが、じつはワイシャツのポケットにはサイズ的に入らなかった。小型にしきれなかったのである。

しかしこうした時にも前向き一方のソニー・スピリットというべきか、「だったら大きめのポケットを持つワイシャツを作って商品説明をすればいいじゃないか」となった。

この作戦が効いたのかポケットサイズのトランジスタ・ラジオは大人気を博し、「トランジスタ」は「超小型」の代名詞となったほどだ。年配の人ならトランジスタ・グラマー、トランジスタ・ガールといった表現を思い起こすはずである。

ここにきて日本製のトランジスタ・ラジオは世界的な流行となる。半導体の歴史に詳しい技術評論家の志村幸雄によると、

「昭和三十年代に入ると工業化へ向けて一気に動き出し、わずか五年ほどの間に十一社が量産を開始している。十一社の足並みがそろった一九五九（昭和三十四）年の日本のトランジスタ生産は八千六百五十万個、一六〇億円に達した。単純に一個あたりの平均価格を割

り出すと百八十五円になる。ずいぶん安くなったものだ」（著書『にっぽん半導体半世紀』）

欧米向けの輸出も文字通り右肩上がりで急増していった。日本貿易振興会は昭和三十四年の初頭、すでに「昨年（昭和三十三）のアメリカ向け輸出トランジスタ・ラジオは米国市場の二五パーセントを占めた」と発表している。

当初は事態を静観していた日本の東芝、日立、松下、NECといった大手メーカーがソニーの情熱に引かれるようにして、トランジスタ開発に参入したことによる。

その状況を示すよい例として、あるトランジスタ・メーカー（非ソニー）の幹部が、海外で「あなたの会社製のソニーラジオが欲しい」と真顔で頼まれた、とのエピソードが残されている。それほど、日本製のトランジスタ・ラジオはソニー製を先頭として、誕生から数年足らずで高い評判を得るようになった。

昭和32年（1957）、トランジスタラジオはこの年、真空管式を上回る生産台数を記録した

こうした「ソニー効果」によって、トランジスタという半導体のメーカー群が日本に誕生しただけでなく、素材関連企業、製造機械企業、各種パーツ産業、応用産業、計測機器類など、広範囲にわたる半導体関連のインフラストラクチャーが形作られていった。

後年、井深大はＮＨＫのテレビ番組で次のようなことを話している。

「アメリカやヨーロッパなどのメーカーも次々とトランジスタ・ラジオ生産に乗り出したのですが、トランジスタそのものが手に入っても小型ラジオを実現するための小型パーツが国内で作れない。結局、日本のパーツメーカーから仕入れるよりしょうがないということから、ラジオ関連部品の輸出が盛んになった。こうして日本のエレクトロニクス産業は世界的な技術力と影響を持つようになったわけです」

岩間和夫たちの情熱で生まれたトランジスタによって、戦後の日本はきわめて短い時間でエレクトロニクス大国への道をつかむことができたのであった。

第6章

「世界のソニー」を目指す

シリコン・トランジスタの時代だ

ポケッタブルラジオTR‐63は、戦後から郵政省などが唱えてきた「一家に一台のラジオを」の掛け声を実現するどころか、一挙に一人一台のパーソナルユース時代へと入るきっかけを作った。

実際、昭和三十二（一九五七）年の東京通信工業のトランジスタ・ラジオ生産量だけで、真空管式の携帯ラジオのそれを越えていた。他社製としてシャープ、NEC、ナショナル、ゼネラル、スタンダードなどからもトランジスタ・ラジオが発売されている。

各社製といっても使われているトランジスタは東通工製だから、同社のトランジスタ生産をみると六月に二十五万本、七月には三十五万本を目標とするまでになっていた。世界のトランジスタ・メーカーのベスト5に入る量であった。

さらにTR‐63は、トランジスタ・ラジオの本格的な輸出第一号機でもあった。この年のクリスマスシーズンには船便による輸出では間に合わなくなり、チャーターした日航機でアメリカまで運ぶほどの成功ぶりだった。ソニーブランドの海外進出である。

その頃から、井深大はしきりに「これからは、シリコンの時代だな」という言葉を口にするようになっていた。

いまでこそ半導体の主原料といえばシリコンだが、トランジスタ開発の初期では、製造技術面でゲルマニウムを扱うのが精一杯だった。だが性能面から見ればゲルマニウム製よりシリコン製の方が、より高周波性能が高いといった優位性がある。

「ということは、今度はテレビをやるつもりだな」

トランジスタに取り組むエンジニアたちは、そう思ったという。

半導体に取り組む者にとって、テレビ用トランジスタの研究・開発は、難しいだけにやりがいのある仕事だった。テレビは周波数にして約百倍、電流で二十倍のトランジスタ性能が求められる。電圧でも十倍の耐圧のあるトランジスタが必要だ。

「私は、もっと早い時期に岩間さんから直接『シリコン・トランジスタの開発をやる』と聞かされて、ソニー入社に踏み切ったようなものです」

こう当時を思い出すのは、長いあいだソニーの半導体開発・研究の現場にいて、ソニー中央研究所の副所長まで務めた川名喜之である。

東京大学の大学院修士過程で冶金を学んでいた川名に、教授から声がかかったのは昭和三十一年暮れ頃のことだったと話す。

「研究活動としては実験の一環で鉄を溶かしたりしていたので、半導体はよく知らなかったのですが、『岩間さんから学生を紹介してくれと言われている。東通工は小さいが半導体で先進的な実績がある会社だ』といわれ面接に行くことにしました」

品川の御殿山に建つ木造三階建ての東京通信工業本社の二階で、半導体部長の岩間取締役の面接を受けることになった。

「面接というから色々と聞かれるだろうと思っていたのですが、岩間さんは何も質問しない。で、『ウチの会社はこんなことをやっている』といった調子の話を二十〜三十分したと思ったら、トランジスタ・ラジオなどがずらっと並んでいる展示室のような所をみせられたんです」

ここで、技術の将来を見据えながら必要なことだけを単刀直入に口にするという、いかにも岩間らしい説明が行われたという。

「岩間和夫さんは、展示品を見ながら『ゲルマニウム・トランジスタ・ラジオは儲けるためにやってる。これからはシリコンの時代だから、儲けをその研究・開発費に回す。そしてテレビをやるんだ』といわれた。私としては、へぇーそんなものかとしか思いませんでしたが、まだ売れ始めて間もない商品を売るのは、次世代トランジスタの研究費を稼ぐためのものだ、と言い切ったのだから大した人ですよね」

こんな調子で川名の面接は終わってしまって、翌年四月の入社も何となく決まった形となった。どうせならというので、卒業式前の一月からアルバイトという形で研究アシスタントをすることになった。

じつは、この時に助手として付いた研究者が江崎玲於奈で、前に述べたようにノーベル賞につながる研究を手掛けはじめていた。が、ビジネスとは直接つながらない研究だったことから、良く理解できないまま他の助手に替えられてしまう。

そして昭和三十二年四月の入社と同時に、岩間が取締役部長を務める半導体部の研究課に配属された。なお、この直後の六月、岩間は常務取締役となる。課長は岩間が直接選んだ岩田三郎。主な研究テーマは当然だが、シリコン・トランジスタの開発であった。

「研究スタッフには松下の中央研究所から移ってきた三沢敏雄さんもいた。岩間さんが彼の能力に目をつけて引っこ抜いたのですが、必要な人ならライバル社からでも誘ってしまうとは、すごいことをするもんだと感心したものです」

それほど岩間が真剣にならざるをえなかったのも、研究対象とするシリコンこそが今後の半導体の主流だと確信していたからに違いない。

「昭和三十一年の一月、アメリカのベル電話研究所でシリコン・トランジスタとテレビに関するシンポジウムがあった。これに岩間さんが参加しているので、当時からシリコンの可能性を見通していたのは間違いないでしょう」

というのが川名の証言だ。

トランジスタ・テレビ

じつのところ、この時点ですでに岩間は、国内にシリコン素材の専門メーカーを育てようとしていたという事実がある。

それは以下のような内容である。

後に日本で初めてシリコン量産を手掛けることになるチッソ電子化学（現在の三菱住友シリコン）が、トランジスタブームをみてゲルマニウム製造への参入を考え、東通工に相談にやってきた。

当時の社長として直々に東通工を訪ねた前田一博が、その後、思い出として複数のメディアに語ったところによると、それは昭和三十年か三十一年のことだったという。
「私がゲルマニウムで、何か面白い仕事がないものだろうかと聞いたんです。そうしましたら、井深さんと後で社長になられた岩間さん、それから盛田さんが、口を揃えて『前田さん、もうゲルマニウムの時代じゃないですよ。シリコンですよ』と。あのゲルマニウム全盛のときに『シリコンをやってください』と言うんです」（NHK『電子立国日本の自叙伝』）

特に、岩間が先を読んでいたのが印象に残っているとして、
「『半導体に使うシリコンは非常に高純度のものが必要で、われわれ電気屋ではとても手が出せません』とおっしゃるんですね」（同書）

半導体に使うシリコン結晶には非常に高い純度が求められ、よく「テン・ナイン」という言い方をする。九十九・九九九九九九九九パーセントと九が十個並ぶほどの純粋度をもった結晶でない限り、半導体製品の材料として使うことはできない。

トランジスタ製造の前に、シリコン結晶の製造技術が大きな壁として立ちはだかっていた。これを可能とする素材技術を持った企業が、国内に是非とも必要だったのである。

アメリカでは例によって、コストや市場規模に縛られない軍需に支えられることで、やっ

とシリコン・トランジスタの開発が成り立っていた。東京通信工業ではそんな技術を、いきなり民生品に利用しようと考えていた。

そうと知った前田は、ソニーから技術を習うために半導体部隊のリーダー岩間和夫のところへ通い続けた。といっても、まだまだ企業としての体力はじゅうぶんからほど遠いため、シリコン結晶づくりの研究は当初こんな具合だったと前田は話している。

「木造二階建ての地下に三坪ばかりのコンクリート製の部屋があって、その狭い中でシリコン(結晶の研究)をやっていた。粉末状の多結晶シリコンを買ってきてやっていたのですが、熱やガス、特に水素を使うため危ないというので、天井が抜けるようになっていたはずです」(同書)

なにしろ井深がテレビをやるといい、盛田がそれを商品として歓迎し、岩間が技術の流れからみて当然だと判断している。そうなれば、他人が手掛けない新しい技術・製品を目指す会社としては、何が何でも進むだけのことである。

「前田は後年、その当時のことに触れて、『ソニーはオープンポリシーで、自分の分からないことについてよく教えてくれた』と私のインタビューに答えている。その効用の表れか、五六年(昭和三十四年)には早くも商業採算ベースでの生産に踏み切っている」(志村幸雄『にっぽん半導体半世紀』）

こうして前田は後に、日本の半導体シリコン産業のパイオニアとまでいわれるようになるのである。

さて、いまではとても考えられない研究開発風景のなか、川名が入社した年の暮れまでには、試作したシリコン・トランジスタがどうにか作動するまでになった。

明けて昭和三十三年一月、東京通信工業は製品のブランド名として使っていた「ソニー」に社名を変更することとなる。十年かけて知られるようになった東京通信工業という名を、今さらわけのわからない名前に変えるとは何事だ、とメインバンクに叱られながら「世界のソニー」を目指すための決断だった。

昭和35年（1960）、主力3商品が、ネオンに輝く

三月頃には高周波トランジスタの試作品の段階にまで進み、十二月には十四インチのトランジスタ・テレビの試作研究がスタートした。ちょうどこの月、ソニーは東

京証券取引所の第一部に上場している。

そして一年後の三十四年十二月、ついに世界初の八インチ直視型トランジスタ・テレビ「TV8-301」の製品発表にこぎつける。この「TV8-301」には、シリコンとゲルマニウム合わせて二十三石のトランジスタと、ダイオードが十九、高圧ダイオードが二個使われていた。

井深はこの年の初めに「私の正月の夢はトランジスタ・テレビの出現」とメディアに語っていたのだが、それが正夢となったわけだ。

「このように、シリコン・トランジスタを世界で最初に製品に使ったのはソニーなんですよ。その歴史的事実が意外に評価されていないというのが、私にとっては残念なことなのです」というのが、前出の川名にとっての大きな心残りなのだそうだ。

翌年五月に販売が始まった「TV8-301」によって、ソニーのトランジスタ技術は世界に認識されることになったのだが、売れ行きは芳しくなかった。テレビがやっと普及し始めた時期（カラー放送はこの年九月に開始）だけに、据え置き型セットへの需要が強く、ポータブル型にまで消費の目が向かなかったとみられる。しかも、正直なところ社内での評判も芳しくなかったとされるように、テレビとしての一般的性能にも問題があった。

そうなれば、ふつうの発想としては売れ筋である大型テレビの新規開発を検討することになるのだろうが、ソニーはまったく逆の道を選んだ。「より小型の5インチテレビ」へと研究陣は動き出す。

8インチから5インチへと小型になれば、それに比例してトランジスタもコンパクトにする必要があり、しかも効率が良くロスの少ないものが求められる。岩間が率いる半導体部の腕の見せどころというには、あまりに重い課題であった。

シリコンという素材

ところで、このあたりでトランジスタの構造と製造方法の進展についてごく簡単に知っておいたほうがよいだろう。

ゲルマニウムとシリコンは、ともに半導体物質として早くから注目されていたのだが、トランジスタ製造の容易さという点でゲルマニウム利用が先んじていた。だが、性能比較によって選択されたわけではないから、性能に関して問題も多かった。

その第一は、ゲルマニウム・トランジスタが高周波を苦手としていたこと。井深がラジオを作るといって笑われた理由が、補聴器の増幅作用がせいぜいで「ラジオ電波のような高周波を扱う能力がない」という点だったことを思い出してほしい。

この初期段階から高周波の増幅特性は飛躍的に上がったのだが、それにしてもテレビではラジオより一桁も二桁も高い周波数の信号を扱う。それを実現するだけの精密構造を、ゲルマニウム・トランジスタに望むのはかなり困難な状況だった。

そしてもうひとつ。ゲルマニウム・トランジスタは熱に弱く、摂氏五十度ほどになると動作が狂うという大きな問題があった。真夏の直射日光下でトランジスタ・ラジオを聞いていたら、突然聞こえなくなったという事件も珍しくなかった。

テレビともなるとブラウン管などの発熱部分を抱えているから、この高温に弱いという性質は無視できない。「ゲルマニウムは溶かしやすい」という長所からトランジスタ製造に使われ始めたのだが、テレビへの利用に至って「熱に対する弱さ」が致命的な短所となったのであった。

そんなことから、高温に強いシリコン・トランジスタが求められた。シリコンなら摂氏百五十度でも平気だから、テレビ用パーツとして申し分がない。

ところが、熱に強いということは「溶かしにくい物質」ということでもあった。ゲルマニウムの融点は摂氏九百四十度だが、シリコンのそれははるかに高い摂氏千四百二十度におよぶから、それだけ高い温度環境での製造技術が求められる。

それ以上に製造上で困るのは、高温になると他の物質と反応しやすくなるというシリコンの化学活性の激しさだ。ゲルマニウムの場合、結晶化させるにあたってまず炭素製の坩《る》堝《つぼ》を使って溶かす。ところがシリコンでは、その坩堝と化学反応を起こして炭素化合物を作ってしまうほどなのである。

これまでのように、結晶を成長させながらトランジスタとしての構造（NPNやPNPの三層構造）を作り上げる方法では、ミクロン単位の極薄構造が必要な中間層の製造コントロールに限界がある。将来に向けてより高性能を目指すことになるであろう、シリコン・トランジスタの製造方法としては問題が多すぎた。

しかし、これまでに紹介してきたシリコンの物理・化学的な激しさが、結果としてシリコンを半導体時代の主役に押し上げることになるのだからおもしろい。その代表が、トランジスタに欠かせない「三層構造の作り込み」に関する新しい技術であった。

繰り返しになるが、トランジスタでは半導体結晶の中に電気的にマイナスを帯びる層（N層）と、プラスを帯びる層（P層）を、交互に三層構造として持つ（つまりNPNかPN

Pとなる）。

その作り方としてゲルマニウムでは、三層を作るにあたっての製造法として、「合金を作るようにシリコン同士をくっつける」か「結晶を育てながら内部に作っていく」かという選択肢があったことは前に述べた。

シリコン・トランジスタの初期段階でも同じような方法で作られたのだが、シリコン特有の性質を利用する新しい製造方法が生まれた。

熱したシリコン結晶の表面に加えたい物質を高温ガスとして吹きつけると、それが少しずつ結晶の中にしみ込んでいく。そしてシリコン表面が、その物質を含む層に変化する。

つまり、まずN型にしてあるシリコンにP層を作る物質をガス化して吹きつけると、表面だけがP層に変化して、NP型のシリコンとなる。さらに今度はN型物質をガスとして吹きつけると表面だけがN化するから、ひとつのシリコンにNPNという三層構造ができあがることになる。

このような「拡散法」（二回吹きつけをするので実際には二重拡散法という）では、加えるガス物質の量を正確にコントロールできるために、中間層にあたる「ベース」とよばれる部分が一ミクロンという薄さでできるようになった。誤差〇・一ミクロンというレベルでコントロールできるという。

前にも述べたように三層構造の中間層、つまりベース部分が薄いほど高周波を扱う性能が良くなるのだから、これは画期的な技術というべきであった。

ちなみに、シリコンは化学的に過敏であるため、高温下では空気中の酸素とも反応を起こしやすく、表面に酸化膜を作ってしまうという性質も持っている。

当初は、酸化によって製品がボロボロになってしまうと恐れられた現象なのだが、やがてこの皮膜は表面をしっかり覆うだけで、内部に損傷を与えないことが分かってきた。

この性質をうまく活かして、まずシリコンに前述のようにガスを当てることで表

昭和34年（1959）、トランジスタ・テレビ開発に情熱を傾けていた頃の岩間和夫40歳（左）

面の第一層を作ったら、いちどシリコンを酸化させて膜で覆ってしまう。そこで改めて酸化膜の一部を切り取って窓を開け、そこに別種のガスを当てることで第二層を作ってやり、三層構造が完成したところで再び酸化膜で綴じてしまう。

こうすることで、シリコン上の狙った部分だけに層構造を作り上げたあと、保護膜によって半導体をカバーしてしまうという細かい作業が可能になってくる。「ガス拡散法」と「酸化膜」によって、シリコン・トランジスタの性能と耐性が上がり、使用分野が大きく広がることになった。

これらの技術によって半導体部品として使い勝手がよくなっただけでなく、電子部品としての形が自由になり、やがて一枚のシリコン上に複数のトランジスタ等を作り込む技術が開発される。固体回路としての「ＩＣ」を作るためのキーテクノロジーとなるのだが、その実現までにはもう少し時間が必要だ。

「技術」を「製品」にする

話は再び、ソニーの五インチテレビに戻る。

新製品の開発にあたって経営者と技術陣が必ず考えることは、それまでに製品化したことがない技術を新たにどの程度まで取り入れるか、という点だ。逆にいえば、すでに手にしている従来技術を改良しただけの新製品でいくのか、やる以上は革新的な技術を中心に置くべきだと考えるか、である。

具体的にはさまざまなリスク評価が判断材料になるのだが、決断するかどうかの基準となると会社の体質が関係してくる。その点で「他がやらないことをやる」ソニーは、ほとんど無謀と思えるような新技術を採用するという大きな特徴がある。

いやもっと正確にいえば、まず「技術的に難しいと考えられている製品」の開発を決めて、そのような製品を作るにはどんな技術を研究しなければならないか、という点の検討に入る。いわゆる老舗企業から見たら、無鉄砲で採算度外視としかいえないことに敢然と挑戦するところが、ソニーの際立った体質とされる。

最初のトランジスタ開発ならぬトランジスタ・ラジオ開発がその代表例だが、この「５インチテレビ」にも性質がよくでている。それは、もちろん井深大の新しいモノ好きを反映してのことだが、半導体部長を務める岩間和夫の行動にもみることができる。

５インチテレビ開発のためのマイクロテレビ作戦として、岩間は彼の右腕ともいえる塚本にこう語ったという。

「岩間さんは『エピタキシ技術は各社の技術者は皆知っているだろうが、これをテレビ用トランジスタに使うという判断を下すのは、経営者にとって最も重要なことで、他社ではまだそこまで洞察できていないと思うよ。だから、テレビにエピタキシ技術を使うということはトップシークレットで、社外発表は厳禁だぞ』といわれた」(『岩間さんを偲ぶ』)

エピタキシ技術は正確にはエピタキシャル技術というのだが、前述した拡散技術というシリコン・トランジスタ製造方法の一種で、シリコン基盤の上に気化したシリコンを吹き込むことで結晶薄膜を作る。表面にごく薄いシリコン膜を成長させられるため、トランジスタの性能が飛躍的に向上するといわれる製造方法だ。

岩間自身も話しているように、エピタキシャル技術に関する一応の技術や情報は、すでに半導体技術者の間で知られていた。

しかし半導体は、その機能や性能を「理論として考える」ことで進化するが、実際のモノとするには「製品化するための技術」の開発が欠かせない。半導体の将来像を正しく見通すとともに、その製造方法を自ら切り開かない限り、成果として手にすることができない性質のものだ。

ベル電話研究所がその動作理論を発明したトランジスタを、自分の手で製品化してみせた岩間は、そのあたりを熟知していた数少ない研究者であり技術者であった。

「エピタキシャル技術という当時のシリコンの最先端技術までを使って、ソニーがテレビを作るとは誰も予想していないだろう。工業用に用いることはあっても民生用に用いるという発想は出ないと思う。だからこそ経営判断としても、テレビ用に開発することで半導体技術の流れを作るのだ」とも岩間は語ったと塚本は述べている。

こうまで上司にいわれて発奮しない技術者がいたら、ぜひお目にかかりたい。

じつのところ、岩間和夫を「半導体のトップ研究者」として捉えようと業績を辿ってみると、かなり早いうちに迷いを感じることになる。

昭和36年（1961）、半導体開発の工場内風景

たしかにトランジスタを実用化した功労者であるのは間違いないのだが、あの時期に岩間と同じようにトランジスタの研究を行い、半導体の持つ可能性について多くの示唆を残した人は、この日本にも数多く存在している。

したがって半導体研究者としての岩間を評価しようとすると、彼だけに「トップ」の冠を与えることに躊躇せざるを得なくなる。他にも大勢の半導体研究者がいたではないか、といわざるを得ないのだ。

では、岩間がソニーの持つ神話の中で輝いている理由はどこにあるのか。こうソニーマンたちに聞いて回るうちに私の疑問は解けた。

「岩間さんは半導体理論の研究者であるとともに、半導体産業を牽引した技術者でもあった。岩間さんの中にはこの両者が同居しているという素晴らしさがあったからこそ、我々は信頼してつい行くことができたのです」

というのである。理論的に正しい技術を製品・商品という形にしてみせることこそ、技術者の腕の見せどころじゃないか、というわけである。

これまでの技術で満足できないのだから、改めて独自技術を開発しようとの岩間の声を受けた塚本たちプロジェクトメンバーは、物置を改造した研究室でエピタキシャル製造装置の自作から始めた。

　そして三十五年八月にエピタキシャル生産技術が完成し、十月にはこの技術を用いたマイクロテレビ用の高周波高出力シリコン・トランジスタが開発された。

　ちなみに翌年二月、このトランジスタを作るもととなるシリコン基盤（ウエハー）を持って塚本はベル電話研究所を訪れている。すると研究員が「これは我々が次の目標として取り組んでいる特性のものと同じだ」と仰天した。そして、ぜひそのウエハーをサンプルとして置いていってほしいと懇願されたという。

　岩間和夫のシリコン・トランジスタ開発に関する経営的な思惑と技術的な見通し、その両方ともが正に正解だったというわけである。

　さて、トランジスタ・テレビである。

「テレビを小型化するには、トランジスタ以外にも予想外の困難が待ち受けていた。なにしろ、部品やケースを小型化しただけでは簡単に終わらない。ブラウン管やブラウン管用ガラス、偏向角、アンテナといった諸問題に加え、最終的にはセットのポータビリティを良くすることが大切だからだ」（『ソニー自叙伝』）

　それに加えて世界でも例のない極小テレビだけに、単に小型で珍奇だという技術者の自己満足で作ったテレビに思われることを、井深や盛田は危惧した。従来の据え置き型テレビの概念を打ち破る、新しい用途のテレビであることをアピールするため「TV5－303」には愛称がほしい。

そこで関係者が集まり、ペットネームを決める会合を持った。

「ミニテレビ、ピコテレビ、マイテレビなど、三十以上も案が出された。ハンドテレビなど有力候補のなかから最後には井深が名付け親になって『マイクロテレビ』に決定した。キャッチフレーズは、盛田の案がさらにどぎつく表現された。いわく『トランジスタがテレビを変えた』」(同書)

そのとき、半導体技術陣を指揮してきた岩間がどんな表情をしたか、まではソニーの記録にも残っていない。もっとも彼のことだから、何事もなかったような一見、生真面目顔のままだったような気がするが。

そして昭和三十七年五月、当時の世界最小・最軽量オールトランジスタ・マイクロテレビとして5インチの「TV5－303」が発売されたのであった。

ところで、この「TV5－303」の発売にあたって「『天皇に口止め』事件」と呼ばれるようになる前代未聞の出来事が記録として残されている。

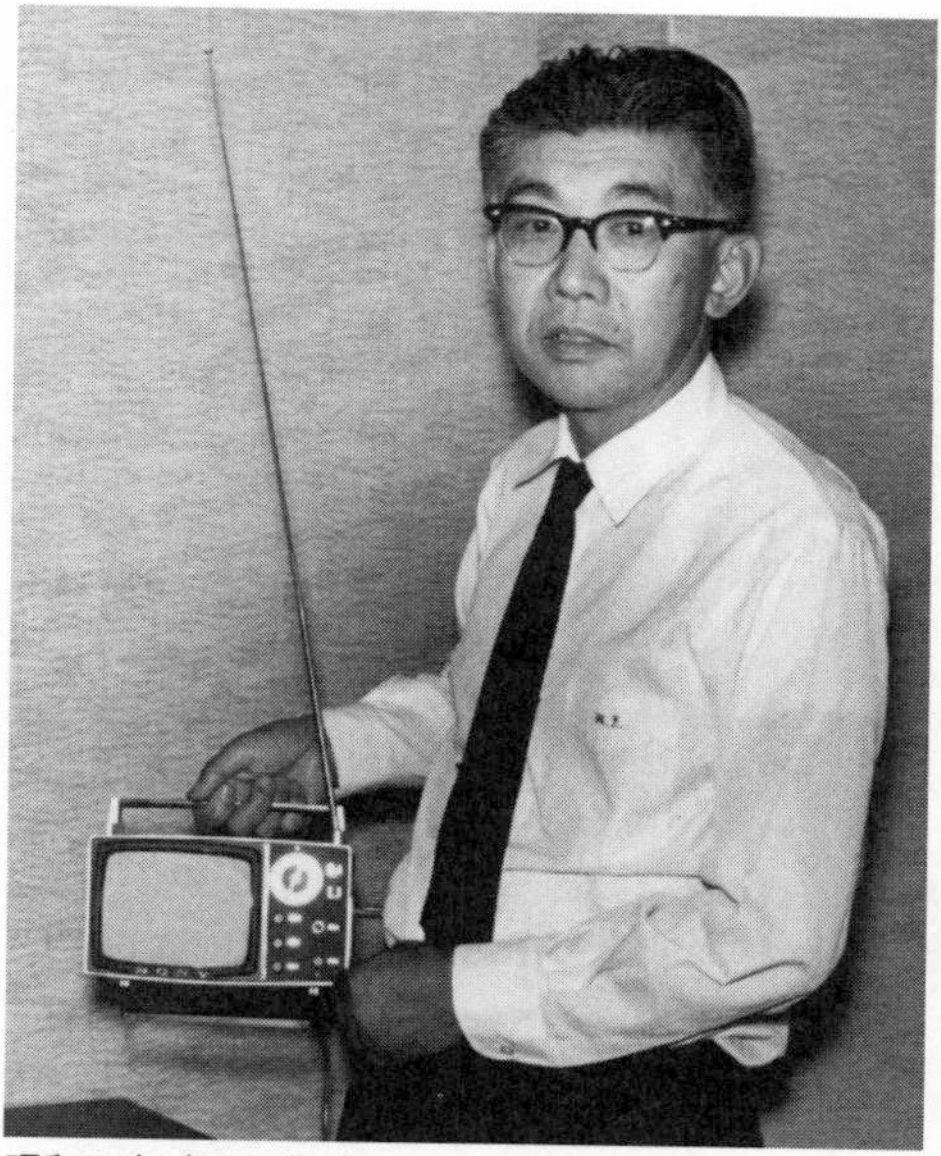
昭和37年（1962）、「マイクロテレビ」（TV5-303）を持つ井深大（54歳）

テレビが完成目前にまで近付いた三十七年二月二十日に、昭和天皇・皇后がソニーの工場を見学されることになった。

当日は、天皇陛下を井深が、皇后陛下を盛田が、案内して工場内を回り、最後に貴賓室に到着する。そこには、秘密のベールを被せたままのマイクロテレビもあった。

両陛下にそのテレビを見てもらったのだが、その際に、

「これは、まだ世の中に出ていませんから」

と付け加えたらしい。

これがどう漏れたのか週刊誌で話題になり、そのタイトルが「天皇に口どめ」。天皇陛下に口どめしたことで「ＴＶ５‐３０３」新発売の秘密は保たれたと書かれたのであった。それ

昭和37年（1962）、井深（左）と、完成間近のテレビを見られる昭和天皇・皇后両陛下

ほど話題性に富んだ技術であったと理解すると、岩間が持つ技術の将来性に関する判断の鋭さも分かろうというものである。

第7章

技術をとるか、経営をとるか

ソニーにとって大事な技術

昭和三十七（一九六二）年のある日のことだった。

「おい、ちょっと来い」

例によって直截《ちょくせつ》的というより、ぶっきらぼうと表現した方がぴったりの話し方で、半導体部長室にいる岩間和夫が外に声をかけた。

この声によって廊下から岩間の部屋に呼び込まれたのは、当時、半導体部製造技術課のエンジニアだった金田嘉行である。

「前置きも何もない。いきなりアメリカの技術雑誌を見せられて、『これがＩＣだ。これからのソニーにとって大事な技術だ』とだけいわれました。それだけいって後に何も続かない。岩間さんは、そういう人でしたね」

おそらく金田一人にとどまらず、半導体部の何人かが、同じように岩間に呼び込まれ、同じように「これから大事なＩＣ」を見せられたに違いない。

この頃のソニーはカラーテレビの開発に取りかかったばかりの時で、後にソニーの独自技術となったトリニトロンテレビの前身ともいえる、クロマトロン管を使ったカラーテレビ受像機の開発に着手していた。

岩間はブラウン管関係の技術を統括する立場として、下についた吉田進たちの指揮にあたっていた時期である。

昭和37年（1962）、ニューヨークの五番街に、ソニーのショールームがオープン

だが、そんな闘いのなかに身を置いていた岩間は、もうひとつ「これからのソニーに必要な技術」に関しても考え続けていた。自分ひとりで考えるだけでなく、自らが率いるエンジニアたちにメッセージを送っていたことになる。

「岩間さんは、常に必要なことしかいわない。それでいて伝えるべきポイントは絶対に外さない。だから我々としてはいわれた内容に関して質問したりする前に、今何をいわれたのかを考えるのに精一杯だったり

するんです」（金田）

今でこそ日常的なデバイスとなったＩＣだが、昭和三十七年当時はまだ誕生したばかりのひ弱い技術だった。

複数個のトランジスタを一枚のシリコンチップ上に集めて回路までを作り込んだ「集積回路（ＩＣ）」という考え方が世に出たのは三十五年だった。その前年にテキサス・インスツルメンツ（ＴＩ）社が基本特許を申請したのがことの始まりで、後に「キルビー特許」とも呼ばれるようになる。

この特許を避けたら集積回路そのものが作れない、と考えられるほど基本中の基本を抑えた特許として、長い間ＩＣ技術の世界に君臨したことでも有名だ。

常に「次に来る技術」を考え続けている岩間だけに、ＩＣ技術が他社から公表されたことにショックを受けたかもしれないが、驚きはしなかったと思われる。それよりも問題なのは、自社におけるＩＣの研究・開発をより具体的かつ加速化しなければならないという点であったろう。

前述したように半導体技術には、「あるべき姿を研究する」行為を絶え間なく進めると同時に、「理想の姿に造り上げる技術を磨き続ける」という行為が伴う必要がある。簡単にいえば、実際に理論どおり作動するデバイスとして製品化してみせない限り、半導体技術を持つ企業とはいえない。

とにかく考えながら走ることが重要で、先を見通すことを怠っても、製造技術の錬磨を一休みしたとしても、取り返しのつかない差が先行者との間につくことを覚悟しなければならない。

岩間が「商品で稼いだ金で将来の技術を開発するのは当然」というのは、こうしたメッセージを含んでいる。どんなにスタッフが現状で忙しかろうが、将来の技術情報には常に接していなければならない。

そのためには冒頭のように、技術者を突然つかまえて情報を吹き込んでおくことも厭わないし、岩間のフィロソフィーを熟知している部下なら、それによって意気軒昂で開発に向かえることになる。

川名嘉之にも、岩間に突然呼び込まれた経験がある。金田が呼び込まれた年の翌年にあたる三十八年の夏頃だったと記憶している。

「突然――いつも突然なんですが――『来てくれ』といわれて部屋に入ったら、机の上に足を乗せたままの岩間さんが、前置きなしに『ウチの半導体、どう思う。これから何が大事だと思うか』と聞かれたんです。

一瞬どう答えてよいか迷ったけれど、なにしろ〝天皇〟ですから間をおかずに何か答えなくてはいけない。そこで『生産技術をちゃんとやることでしょう』と日頃感じていることを話しました」

うまく答えられてホッとしたのも束の間で、岩間がふたたび口を開いた。

「『あぁ、俺もそう思う。ところで厚木に行ってくれ』。いきなり厚木工場に転勤しろというわけです。その頃、シリコン・トランジスタの製造技術に関して、うまくいかずに苦しんでいた部分がある。そんなところに、私が生産技術が重要だなんて答えたものだから、みごとに異動させられたわけです」

じつのところ、この川名の話には前段がある。

昭和三十六年から三十七年にかけて、岩間が率いる半導体部のなかに半導体開発課が設けられた。それまで研究課はあったが、改めて別組織として開発課が作られたのである。

一見同じような職務の課が並んだ遠因には「井深大のＩＣ嫌い」があった、というのが当時の半導体技術者たちに共通する認識となっている。

「井深さんは、ＩＣにしても、その前身ともいうべきプレナー型トランジスタにしても、

『事業としてやるな』と頑固にいっていました。技術が分からなかったというより、人のやっていることはやらない、人のやらないことをやる、というのが井深さんのモットーとなっている。さらにいえば井深さんには当時から、ＩＣという汎用技術に首を突っ込むとメーカー競争に巻き込まれ、当時のソニーのような小さな会社では持たないという判断があったのだと思います」（複数のＯＢの説明）

昭和36年（1961）、完成したソニー中央研究所

アメリカ事情を良く知る盛田昭夫も、どちらかといえばＩＣにのめり込むことは避けたい、と思っていたようだ。将来、ＩＣで構成されることになるであろうコンピュータは、結局のところソフトの競争となる。したがってＩＣなどのハードに拘りすぎると、全体が見えなくなる心配があると考えていたようだ。

要するに、井深にしても盛田にしてもＩＣ時代の到来を予想しなかったわけではなく、予想したからこそ自社技術がＩＣへと流れることに疑問を持った、といってよいだろう。

だからといって、急発展している半導体技術を電機メーカーが捨ててよいはずがない。特にソニーの技術すべてを預かる岩間としては、ソニーが今後もトップ技術で自社製品を作り続ける以上は、ＩＣ技術の先端から降りるわけにはいかない。

半導体で遅れればソニーの技術そのものが後退するしかないのだから、今度ばかりは「上の二人が同じ意見ならオレは何もいわない」などと構えている場合ではない。

「だから井深さんが評価しなかろうが、絶対やるなと命令しようが『いいから（開発を）ヤレ』というのが岩間さんの変わらぬ姿勢でした。

そうはいっても井深・盛田の二人とケンカするわけにはいかないし、このお二人がＩＣに対して抱いている危惧も分からないではない。そこで岩間さんが導入した論は『事業としてやらなければいい。製品ではなく研究なのだから進めていい』という発想による開発課の立ち上げだったのです」（川名）

そして岩間は開発課課長となる岩田三郎に向かって、こういった。

「次のステップのために、開発課を置いて少数精鋭でいく。誰でもいいから、お前がいいと思う奴をスタッフとして選んで進めろ」

事業の成否は人で決まる、というのが岩間の確固たる考えであった。このため、新しい体制を立ち上げる際には「誰にやらせるか」にこだわった。そうして選んだ部下にも同様の発想を求めたのである。

こうした岩間の決断によって、研究が中心の中央研究所からわざわざ外れた本社部門に三十人規模の開発課が置かれ、プレナートランジスタ、ＩＣ、パワートランジスタ、超高周波トランジスタ、などの研究開発が進められることになった。

川名もその一員で「よかったな、これで半導体の研究が続けられる」と思ったそうだ。それから一年ほどで、シリコン製造に研究成果を活かすべく、製造現場である厚木工場に送られるとは思っていなかっただろうが。

ソニー製のソロバン

こうして岩間のフィロソフィーは、部下たちに浸透していった。

川名もいうように、「天皇」とニックネームが付くほどの確固たる判断力と実行力が部下を納得させ、具体的に動かした点も見逃せない。

「岩間さんのいうことには誰も文句をいえない。あの人のいうことは聞かなくてはいけない、『いいからヤレ』といわれたら実行あるのみなんです」

井深が「ICは絶対にやるな」といっても、塚本哲男が「特許にひっかからない独自の技術を開発すればよい」と現場の技術者を引っ張り、ときに彼らが自社技術の開発に自信を失いそうになると、「弱気を吐くな」と岩田が発破をかけるといった具合に半導体に関する開発が進められた。

経営面と製造面の両側面から技術を見られるトップ・エンジニア、岩間が牽引したからこそ、ゲルマニウム・トランジスタから始まった半導体研究がシリコン・トランジスタへ、ICへと受け継がれていったのである。

岩間がIC研究を強引にでも進めようした理由は、まもなく外部の出来事によって明らかになる。

ICが発明されてから五年目、つまり岩間がICの重要性を強調しはじめて間もない昭和三十九年の四月、IBMが論理素子に初めてICを使ったコンピュータ「IBMシステム360」を発表した。

「IBM360」は、その名のとおり三六〇度すべての分野をカバーする、世界初の本格

昭和40年（1965）、IBMの要人と談話する岩間48歳（右）

的汎用コンピュータであった。その後のメインフレームの基本型として名高い存在でもある。

この昭和三十九年という年は東京オリンピックが開かれた年でもあり、日本は高度経済成長の軌道に乗り始めていた。その勢いのなかでＩＢＭ３６０は国内企業にも大人気となって、それまでコンピュータの導入を見合わせていた中堅企業までが採用に走った。

コンピュータにまで技術の手を伸ばすかどうかは別問題として、もはや電機・電子産業にとって半導体技術が欠かせないことは、誰の目にも明らかになっていた。これを契機に、トランジスタという場で育てられてきた半導体の技術は、ＩＣ技術における開発競争へと大きく舵を切ったのであった。

この三十九年の三月、ソニーはオールトランジスタの電子式卓上計算機をニューヨークの世界博覧会で発表して、世界の注目を集めた。このオールトランジスタ卓上計算機「ＭＤ‐５」のルーツは、厚木工場で不合格になった多数のトランジスタであった。

不合格トランジスタといってもラジオやテレビの増幅器としては使えないというだけであり、デジタル回路のスイッチング用としてならじゅうぶん機能する。これに目をつけた研究員が千個ものトランジスタを使って、卓上計算機の試作機を作ってしまったのだ。

いまでこそ電卓は子供のオモチャ扱いだが、前述のようにＩＢＭ３６０が初の汎用コンピュータとして大歓迎された時代だけに、前代未聞の卓上計算機であったのは間違いない。世の中が大型コンピュータならウチは小型コンピュータだと、ある意味ではソニーらしい発想である。

じつのところ井深は、こうした開発研究が社内で行われていることを知らなかったらしい。ソニーという会社では、上司に内緒で開発研究を進めてしまうのが珍しくないこともあって、井深は大型コンピュータまでは許可しないといいながら、「ソロバンの代わりになるようなものならやってよい」と、意外にもゴーサインを出した。

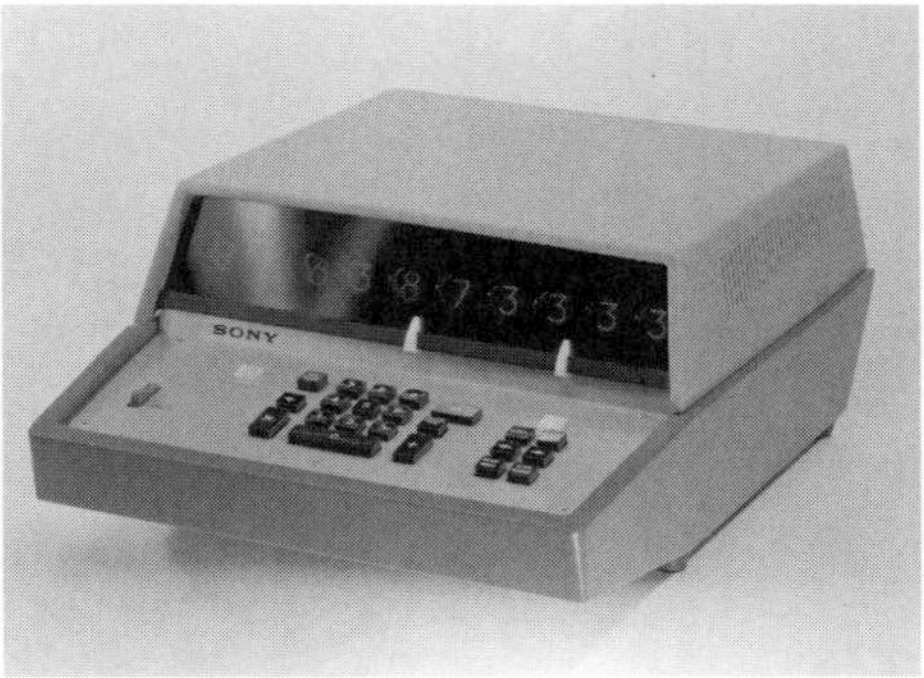

SOBAX電子計算機第一号

いや意外というのは、井深のコンピュータ嫌いという評価をそのまま受け止めた場合であり、「他がやらない新しい技術を歓迎する井深」と言い換えてみれば、開発承諾は意外でも何でもないといってよいだろう。

これを切っ掛けとして、ハイブリッドＩＣなどの開発も進めて部品化した結果、「ＭＤ－５」が誕生した。そして、これを世界博覧会に出したら、まさに世界的な評価を得たというわけである。

トップに内緒で研究を進める研究者、その情熱を知って開発をバックアップする部長、それを知って条件つきながら製品化を許可する社長……。こうした自由闊達ぶりが、ソニーの持ち味となって技術を押し進めた結果であった。

さて、世界初のオールトランジスタ方式の電子卓上計算機「ＭＤ－５」はその後も改良を重ねて、三年後の昭和四十二年に「ＳＯＢＡＸ（ソバックス）」（ＩＣＣ－５００）の名称で一般への販売が開始された。ＳＯ

BAXとは「固体回路ソロバン」を意味する、SOLID・STATE・ABAXが語源で、ソロバンのように手軽に複雑な演算をこなせる計算機である。

このSOBAXは今日の電卓に活かされているオペレーティング・システムの数々を、初めて実現したものであった。

たとえば、それまでは計算中でなくてもディスプレイの全桁に0000…と0が表示されていたが、SOBAXでは必要な桁以外の0を消す「ゼロ消去」が取り入れられた。さらに四捨五入方式の案出、パーセント表示や逆数といった、今では常識となったあらゆる考案がなされていた。

後に、アメリカ・ワシントンにあるスミソニアン博物館に収められた事実からも分かるように、先進的なシステムを持った計算機であった。

しかし、あるメーカーが具体的な製品を初めて売り出したときには、すでに他メーカーでも同様の製品を売り出す準備ができているというのが、半導体技術の歴史の常である。より正確にいえば、同様の製品どころか、一歩も二歩も先んじる技術が搭載されている場合が珍しくない。

前述のように、SOBAXの原型であるMD - 5は三十九年に開かれたニューヨーク世界博で注目を集めている。これに続いて同年五月には、東京国際貿易センターで開かれたビジネスショーにも出品されるのだが、そこにはキャノン、早川電気（現在のシャープ）、大井電気なども電卓を出品していた。

シャープは翌四十年九月に第二号電卓を発表し、ほぼ同時にカシオ計算機もリレー式計算機に代替する電子式計算機を作り上げている。その後、激烈化する「電卓戦争」の芽がすでに出ていたのである。

ソニーとしても当然、こうした産業技術のトレンドの中で半導体技術をどのように展開していくのか、戦略を明確にすべきであった。しかし結果から見るとSOBAXの発売以降、これといった具体的な実績がほとんど見えてこない。

最も大きな原因としては、やはり役員人事による岩間の半導体技術からの「現場離れ」を挙げるしかないだろう。

オレはクビになったよ

昭和四十一年の六月、つまりSOBAX誕生の前年にあたるのだが、岩間は常務取締役から専務取締役に昇任している。井深大社長、盛田昭夫副社長、そして岩間専務というトップ・スリーが外部からも目に見える具体的な形となったのである。

東京通信工業から始まったソニーの歴史から見れば当然の人事であり、企業体としては大変座りの良い形態になったのは間違いない。だが私にいわせれば、半導体の技術環境としてはあまりにも間が悪い人事であった。

この昇進によって岩間のポジションは、半導体の担当からオーディオ・ビデオなどコンシューマ製品全般を担当する立場へと変わっている。

「半導体担当を離れるということになって、厚木工場の技術者数人で送別会を開いたのですが、岩間さんは『オレはクビになったんだよ』とブラックジョーク的な表現をして、とても寂しそうでした」

こう証言するのは、当時をよく知るソニーOB技術者である。

「もちろん井深さんや盛田さんとしては当然の人事で、経営者として全般を見る立場に岩間さんを置いたわけです。ですが、岩間さんにしてみれば半導体から離れるのが何よりも残念だったということなのでしょう」

前述のようにSOBAXの前身MD－5が発表された、同じ三十九年にIBMからIC

を使ったコンピュータ「ＩＢＭ３６０」が発表されている。その直後だっただけに、「岩間さんとしては、このＩＢＭ３６０に対抗する機種を育てよう、とまで考えていたのかもしれない。なにしろ普段は本当に寡黙なのに『これからの企業はコンピュータが分からないと生き残れない』と口癖のように部下に話していました。その途中で担当替えですから、半導体技術者としては『クビになった』と感じるのも無理はないと思いました」（同ＯＢ）

実際、皮肉なことにとまでいいたくなるほど、この時期からＩＣの一般化が駆け足で始まることになる。

ソニー自身も四十一年九月には中波ラジオ用のＩＣの開発に成功し、翌年の四十二年三月にそれは世界初のＩＣラジオとして発売されている。

だが時は、カー、クーラー、カラーテレビの「３Ｃ時代」に代表される高度経済成長期であり、同時に公共料金の値上げなどによる物価高の時代でもあった。

ちょうどこんな時にシャープはＩＣを使った小型電卓の開発に着手し、四十一年十一月には世界初のＩＣ電卓「ＣＳ‐31Ａ」を開発、翌年二月に実用機となって発売された。価格は三十五万円で、五カ月早く発売された「ＳＯＢＡＸ」の二十六万円より高価格だったのだが、彼我の差はシャープの新製品によってあっという間に引っ繰り返る。

一年後の四十二年十二月、シャープはＭＯＳ型ＩＣとよばれる新構造の集積回路を搭載した電卓「ＣＳ‐16Ａ」を、新たに二十三万円という価格で売り出したのである。ただし半導体部分は自社製ではなく、日立製作所とＮＥＣに発注したＩＣであった。

それでも『日本半導体50年史』の記述に従えば、

「昭和三九年に発売された一号電卓からわずか三年で、部品点数を十五分の一の千点に激減し、容積で三分の一、重量で六分の一、消費電力で九分の一に引き下げた。材料価格も十二万五千円から七万五千円に半減させた」

じつのところ半導体（ＩＣ）を使う製品の最大特徴は、ここに記されているように、ＩＣの集積度がどんどん上がることによって部品点数が整理され、製品そのものが小型化・軽量化するため、材料費も下がるし消費電力も少なくなる。しかも半導体という固体の電子回路が主要メカニズムになるため、ＩＣの集積度の上昇がそのまま性能アップに繋がりやすいという基本的性質を持っている。

つまり簡単にいってしまえば、「トランジスタの集積化」によって始まった半導体の歴史は、いかに高性能のＩＣを低コストで作るかによって技術的な勝負、産業的な勝敗が決定するという宿命を背負わされたのであった。

ルイス・キャロルの名作『不思議の国のアリス』の姉妹編に『鏡の国のアリス』というこれも名作があるのはご存じだろう。鏡の国に入り込んだアリスはチェスの「赤の女王」に出会う。

不思議なことにこの女王は常に全速力で走っているのだが、これも不思議なことに背景が全く変化しない。走っているのだが結果的に走っていないのだ。アリスがその理由を聞くと赤の女王は答える。

「いいこと、ここでは同じ場所にとまってるだけでも、せいいっぱい駆けてなくちゃならないんですよ。ほかへ行こうなんて思ったら、少なくとも二倍の早さで駆けなくちゃだめ」（新潮文庫版、矢川澄子訳）

このセリフほど、半導体技術の世界の特徴を言い当てた表現はない、と私は常々思っている。まさに、ＩＣ（後のＬＳＩも基本的にはＩＣ）の研究・開発は、同じ場所にいたかったら精一杯駆けなければならない「赤の女王」なのである。

そしてこのことを誰よりも早い時期に、誰よりも深刻に受け止めていたのが、「半導体の天皇」岩間和夫に違いないとも私は考えている。

しかし、その岩間が半導体だけのために「赤の女王」を演じられる立ち場にない間に、周辺の景色はどんどんと先に進んでしまう。

電卓でトップを切るシャープは搭載する半導体をＩＣから、さらに大きな集積度を持つＬＳＩ（大規模集積回路）へと切り替えることを考える。このために国内メーカーに働きかけるが、歓迎されないとみるやアメリカのメーカーにまで接近し、四十四年には世界初のＬＳＩ搭載電卓「マイクロコンペット」を発売する。

トランジスタ、ダイオード、抵抗といった部品、数にして千八百個余りを数ミリ角のシリコンチップ上に載せた、従来のＩＣと比べても三十～四十倍の集積度を持つノースアメリカン・ロックウェル社製ＬＳＩであった。

価格も初めて十万円を切った九万九千八百円とあって、電卓業界にショックを与えるとともにマーケットが拡大する大きな切っ掛けとなった。

二人のイワマ

ロックウェル社製のＬＳＩは、アメリカが四十四年七月に宇宙船アポロで初成功した、人類の月面到着に貢献している。

ただし、当時のＩＣ・ＬＳＩ市場は決して大きなものではなかった。本格生産のインセンティブとなるＩＣ需要先としては、従来のラジオ・テレビ向け以外の市場が見つからない状態だった。そんな時、突如として開かれたのが電卓向けの市場だったのである。

コンパクトで電気をあまり食わない半導体は、「卓上計算機」のコンセプトにピッタリの主要デバイスとして、大いに注目される存在となった。その切っ掛けとなったのが、日本で開発された典型的な民生品の電卓だった、という事実は特記されてよいだろう。

半導体は典型的な設備投資重視型の産業だから、作っても販売量が少なければ高価格のままだが、ブームによって大量生産が求められるようなると価格は急激に下がる。すると新規参入をもくろむ製品メーカーも参入しやすくなって市場はますます拡大するため、半導体技術の更新スピードも上がるかわりに、供給先を確保しようと乱売状態になりやすい特徴がある。

このようなことから電卓はあっという間にブーム状態となり、同時にＩＣ・ＬＳＩ産業の本格化を促したのも間違いない。

「このため電卓戦争が勃発するわけであるが、昭和四六年にはこれがピークを迎え、三十三メーカーがひしめく乱戦状態となる」(『日本半導体50年史』)

電卓という製品がブームによって大衆商品化する中で、まずICに代表される半導体産業が初めて大きなマーケットを得て、さらに電卓の周辺部品メーカーも含めたインフラ(生産基盤)が国内に確立する——日本がエレクトロニクス技術立国への道を歩み始めたのが、この電卓ブームであったことを、ここで再確認する必要があるだろう。

だが、視点をソニーの半導体技術に移せば、こうした流れの中でソニー製電卓は惨敗を喫することになる。LSI化競争や価格競争にSOBAXシリーズなどがついていくことができなかった。

電卓戦争全体の行方を決めたのが、昭和四十七年にカシオ計算機から発売された「答え一発カシオ・ミニ」である。百万のケタが表示できない六桁ではあったが、価格のほうは従来の常識を破った、一万二千八百円という驚きの低価格での登場だった。

「ついに一九七二(昭和四十七)年他社との価格競争の中で電卓ビジネスの撤退を決意し、その芽を摘み取られた形となった。トランジスタをスイッチング素子に利用したSOBAXはポータブルコンピューターへの取り組みのきっかけとなったものの、ビジネスとして育たなかったのである」(『ソニー自叙伝』)

それにしても、この前後のソニーはどのような状態だったのか、肝心の岩間和夫は何を考えていたのだろうか。

じつのところ、当時のソニーは「トリニトロン・カラーテレビ」にかかりきりだった、といっても間違いではない。

ソニー独自方式によるトリニトロンカラーテレビ

ソニーがカラーテレビ受像機の開発に着手したのは、昭和三十六年末にスタートしたクロマトロンが初めてだから、他メーカーと比べると明らかな出遅れで状態であった。そのため従来タイプとの差別化対策として、明るいディスプレイを持つクロマトロン方式を手掛けると決め、岩間がブラウン管関係を統括することになった。

しかし結果からいえばクロマトロンは失敗作となり、その教訓を生かした新たな技術開発によって「トリニトロン」が四十三年に完成・発売となる。

それまでの三つの電子銃から出るビームでＲＧＢの

三原色をブラウン管表面に作る方式に代え、トリニトロンでは一ガン・三ビーム方式を採用したこともあって、これまでにない高い精細度を持つブラウン管が得られた。

このためトリニトロンは一挙にカラーテレビの代表格となり、ソニーといえばトリニトロンとさえいわれる時代に突入する。四半世紀後には、世界のトリニトロン・ブラウン管の累計生産台数が一億本となるのだから、ビジネス的には大成功を収めた商品であるのは間違いないのだが、忙しさにかまけて「IC・LSI研究への軽視」があったのも間違いないだろう。

「それでも岩間さんは毎月一回程度のペースで厚木工場に出向いては、半導体関連の会議を開いていた」(あるOB)のだが、ソニー技術史で見る限り、この時期にソニーらしい半導体製品がヒットしたという事実はない。

その時期の岩間の心境を探るための手掛かりとなるかもしれない、ちょっと不思議なエピソードを聞いた。

「あまり、オシャベリしないことだねえ」

岩間和夫は常務時代、彼の秘書として新たに配属されてきた川田史子に秘書としての心得を聞かれ、第一声としてこういったという。

まさに、必要なことだけを直截に語るを良しとする、岩間の素顔を彷彿とさせる逸話ではないか。

しかしながら、このシーンには続きがある。

「場合によっては、部屋に来た人を叱らなければならないこともあるだろう。その人は多分いやな思いをすると思うから、そんな時には、さりげなく席を外してあげてほしい。そう岩間さんがいわれたのを、今でも鮮明に覚えています」（川田）

これ以来、岩間が社長在籍のまま亡くなるまで（駐米時代を除いて）、川田は秘書として長期間仕えることになる。そんな彼女から見た岩間像は終始一貫して、寡黙だが暖かい人であった。

「海外出張などのとき、必ず『土産は何がいい？』と聞いて下さる。当時のことですから、チョコレートなどとお答えしたのですが、帰国されたときが大変。エレベーターのドアが開くやいなや大声で『オーイ、チョコレート買ってきたぞー』って。

本当に口数の少ない方でしたが、岩間さんは独特のユーモア感覚もお持ちだったと思います」

また岩間の野球好きと巨人ファンぶりは、社内で知らぬ人がいなかったほど有名で、

「ニューヨーク出張の際には、到着した空港からヤンキースタジアムに直行した」

「会議の最中に、日本シリーズでの巨人軍の試合経過をメモにして外部から入れさせては、テーブルの下で見ていた」

といったエピソードが一種の神話となって残されている。

つけ加えるならば、岩間は「ダンディーな紳士」としても有名だった。たとえば、担当の専務取締役として工場立地の現地視察中に、部下として行動を共にしていた増子修は岩間のこんな姿を見たと述べている。

豊橋市での視察は小雨が降る肌寒い日となった。午前中の予定を終えて昼食時間となったのだが、岩間専務に突然「昼の場所は畳の部屋か?」と質問された。ハイと答えたのだが、何を意味するのか分からないまま、予約したウナギ屋に着いて座敷に通された。

すると岩間専務は女将に言って丹前を持ってこさせ、スーツを脱いだと思うと「一時間以内にプレスして欲しい」と手渡す。これで増子にも「畳の部屋」の意味が分かった。

「ジェントルマンであるためには、常に身だしなみを整えておくのが当然のこと」

別に気取るでもなく淡々と話した後、岩間は同じ調子でつけ加えた。

「今日は寒いな。ビジネスマンは健康第一だから、熱燗一本ずつ取って温まれ」

このように、厳しい中にも心温まる気配りを見せる教育者が岩間だと、増子は岩間追悼集でもある『夢を　ソニーCCD18年のあゆみ』にも同様の文を寄せるのであった。

ちなみにアルコール類はかなりいけるクチで、

昭和36年（1961）、社内対抗野球大会での、岩間（左から3人目）、盛田（岩間の右横）。岩間は大の野球好きだったという

「日本酒からワイン、ブランデー、ウイスキーと、酒は何でも好きだった。だが、決して乱れることなく淡々と酒席を楽しんだ」

こんな具合に、一種飄々とした行動哲学を持つ男でもあった。

ところが、そんな岩間が突発的に激怒した瞬間がある。

常務取締役・半導体部長から専務取締役に昇任して、しばらく経ったときのことだ。

岩間専務室（という名のセクションが一時あった）の係長だったエンジニアが、岩間専務にある報告書を提出した。室内には二人だけ。

その係長（当時）の記憶によると〈集積回路（ＩＣ）の統一に関する報告〉といった感じの半導体に関係したテーマだったという。

「当時のことだから乾式コピーではなく湿式の青焼きで、三十枚ほどの綴じだったのですが、読んでいた岩間さんが突然、怒鳴った。

『オレは、こんなことを頼んだ覚えはない！』

大声で叫ぶと同時に、レポートの束を天井めがけて思い切り放り投げた。しかもその後、岩間さんはドカッとソファに座ったまま何もいわない。仕方ないので、部屋中に飛び散った青焼きを必死に拾い集めて専務室を後にした。ドアの外にいた川田さんは、何事もなく帰ったと思ったはずです」

なぜ岩間が激怒したのか、具体的には分からない。たぶんレポートの結論が気に入らなかったのだろう、と彼は推察するのみだ。

「岩間さんに〝言葉を返す〟なんてとてもできない。たとえ聞いたとしても、答えてくれるはずがない。自分で考えれば分かるだろう、それを人に聞くなというわけです」

この係長は、その後、厚木工場の技術力強化のために、（本人の弁によれば）岩間によって強制的に異動させられている。

「その理由が『お前の家の近くなのだから考える余地はないだろう』というのだから驚きました」

岩間のモットーの一つに、仕事は人材で決まる、というのがある。

こう書いてしまえば当たり前の内容だが、彼の人材重視主義は徹底していて、プロジェクトを立ち上げる時には人選も決まっている。そしてプロジェクトの長には「お前が良いと思う奴を部下として連れていけ」と付け加えるのが常だった。

そんな岩間だけに、人事にあたって職住接近を考慮するはずがなく、本人の能力を高く買って抜擢したに違いない。読むに耐えない報告書を書いた間抜けな部下に対する人事、では決してないことだけは明らかである。

事実、この係長だった高橋昌宏は、厚木工場でカラーテレビIC化を担当した後、メモリー関係の設計部長となり、さらに国分工場の工場長へと昇進していった。

そうしてみると、およそ感情の起伏を見せたことのない岩間が示した「レポート放り投げ・激怒」事件の真相はますます闇の中となる。

しかし、専務昇進によって半導体部長を「クビになった」と自ら表現する岩間が、SOBAX以降に顕著な進展が見えないソニーの半導体状況にイラついていたことだけは確かだ。

しかも、人一倍冷静な岩間が天井に放り投げた報告書が、当時「半導体の雄」として注目され始めていたIC、に関するレポートだったとすれば……。

この事件に関しては別の解釈も成り立つというベテランエンジニアもいる。

「岩間さんは、何よりも複雑な報告や整理されていないレポートを嫌う人で、分かりきったことは一切言うな、一切書くな、ということを姿勢で示す人です。しかもソニー社内においては半導体の神様とされる人で、そのような人に余計な注釈はまったく必要ない。

そこへ、何十枚ものレポートそれもICに関する意見書のようなものを出せば、まず絶対といってよいほど岩間さんは怒りますよ。何か言いたいことがあったら紙一枚で述べてみろ、それが不可能なら最初から考え直せ、ということで怒ったのじゃないかな」

ひょっとしたら、お前のいいたいことはとっくに分かっている、とまで思ったのではないかという。分かっているのだが今は……となれば爆発するのもしょうがないというわけである。

あまりに少ない情報だけに、これ以上の忖度は避けるべきかもしれない。

いずれにしても、あくまで後智恵であるのを承知でいえば、ソニー経営陣の一人としてのイワマと、半導体研究者・技術者としてのイワマ、この「二人のイワマ」の間の折り合いをつけることができずに悩んでいた、としても不思議ではない時期なのである。

第8章

半導体よ、生き返れ

アメリカへ

半導体の歴史を十年ずつの括りで表現しようとすると、昭和を使うより西暦のほうが実態にあっているようだ。

一九五〇年代はトランジスタの時代で、六〇年代はＩＣの時代となり、七〇年代に入るとＬＳＩの時代に変わる。そして八〇年代は、日本の半導体産業が大きく躍進した時代といった具合である。

ＩＣやＬＳＩなどを生産する半導体製造は、典型的な装置産業として知られている。莫大な設備投資によって設けられた製造ラインを動かして、最新技術にもとづく半導体製品を低コストで提供することで、はじめて産業として成り立つ。

しかしこれには、大きな半導体市場が実在する、あるいは具体的に見込める、という前提条件が必要となる。市場規模が限られていれば、仮に高性能の半導体を作る技術があるとしても、従来製品（昔なら真空管やトランジスタなど）を押し退けるだけの価格競争力の持ちようがないからだ。

極めて筋の良い技術とされながら需要先が見つからないでいたＩＣ・ＬＳＩが、半導体メーカー注目の製品となったのは、日本とアメリカを巻き込んだ「電卓戦争」が激化したおかげである。

シャープが世界初のＬＳＩ電卓「マイクロコンペット」を作るにあたって、ロックウェル社が持つ「アポロ宇宙船技術によるＬＳＩ」を購入したことはすでに述べた。二百万個のＬＳＩに三千万ドル（百八億円）という、当のロックウェルでさえ驚いたといわれるスケールのビジネスに、日米の半導体メーカーは突然色めき立った。

昭和45年（1970）、ニューヨークのタイムズ・スクエアに輝く“SONY”の文字

日立、東芝、ＮＥＣ、日本に工場を持ったＴＩ（テキサス・インスツルメンツ社）、そしてシャープの自社工場も加わってといった具合に、電卓用ＬＳＩの生産に一斉に乗り出した。つまり電卓戦争の開始と進展は、そのまま半導体産業そして半導体周辺産業が、本格的に誕生した歴

史であり足跡でもある。

そして、半導体業界全体に関する世界的統計が、正式にカウントされるようになった最初が昭和四十五（一九七〇）年とされる。冒頭で紹介したようにLSI産業が立ち上がったことが、きっかけの一つと思われる。

続いて翌年四月には、まるで「量の拡大は質の変化をよぶ」という量質転化の法則を証明するかのように、電卓開発競争の中で揉まれ続けたLSI技術は、まったく新しい電子機器を誕生させることになった。

微細構造の中に高い機能を作り込むLSI製造技術によって、メモリーに大型コンピュータのようなプログラムを内蔵した、新しいタイプの半導体が登場した。いわゆる「マイコン」の第一号といえる、マイクロプロセッサー「4004」がインテル社から発表されたのである。

マイクロ・コンピュータと表現すると、大型コンピュータをマイクロ化したものと考えるかもしれないが、技術の流れからいえば正しくない。

大型の汎用コンピュータを縮小化して半導体チップに載せたのではなく、電卓を製造するために必要なLSIの集積回路技術が発展して、チップ上にプログラムを持った処理装置（ＣＰＵ）を作ることが可能になった。一見ではどちらでもよいようだが、半導体の技術が不可欠であることを考えれば、「コンピュータの縮小化」ではなく「ＩＣ電卓のコンピュータ化」であるのが分かるはずだ。

この発端を作ったのも日本の企業である。

日本の電卓メーカーであったビジコン社がアメリカのベンチャー企業インテル社に「各種の計算プログラムを内蔵した電卓」の開発を依頼したことから始まって、ＣＰＵ（中央演算装置）を搭載したＬＳＩが誕生した。

この「４００４」がビッグバンとなって、後のパソコン時代が作り上げられていくことになるのだから、半導体技術にとってエポックメーキング的な事件なのである。

まさにこの直後にあたる昭和四十六年五月、岩間和夫のソニー・コーポレーション・オブ・アメリカの社長就任が決まり、一家は本社があるニューヨークへ移ることになった。自社の半導体技術の現場からさらに離れて、半導体研究の本場ともいえるアメリカに、経営者として赴任するのだから、何とも複雑な心境であったろうと推測するのは私だけではあるまい。

このとき岩間は五十二歳。

「岩間さんは『五十歳を超えて来るもんじゃないね。どの部屋にも辞書を置いてあるよ』などといいながら、サンディエゴ工場の立ちあげに熱心に取り組んでいました」

こう語るのは、ソニー・コーポレーション・オブ・アメリカ時代の岩間の部下だった小寺淳一である。

カリフォルニア州南部のサンディエゴに新たに建てられる工場は、ソニー初のテレビを中心とする本格的海外工場である。アメリカで人気のあるトリニトロン・カラーテレビを現地生産すべきだとの井深、盛田両トップの判断によって、始めは組立工場だったが最終的には一貫生産を行うための本拠となった。

コストメリットなどの点から米国工場には疑問の声もあったのだが、井深と盛田の「とにかくやる」の声で決まったプロジェクトであった。

それだけに、岩間新社長にかけられた期待は大きかった、いや岩間をおいて他に任せられる人はいなかったというべきだろう。

信頼性の技術

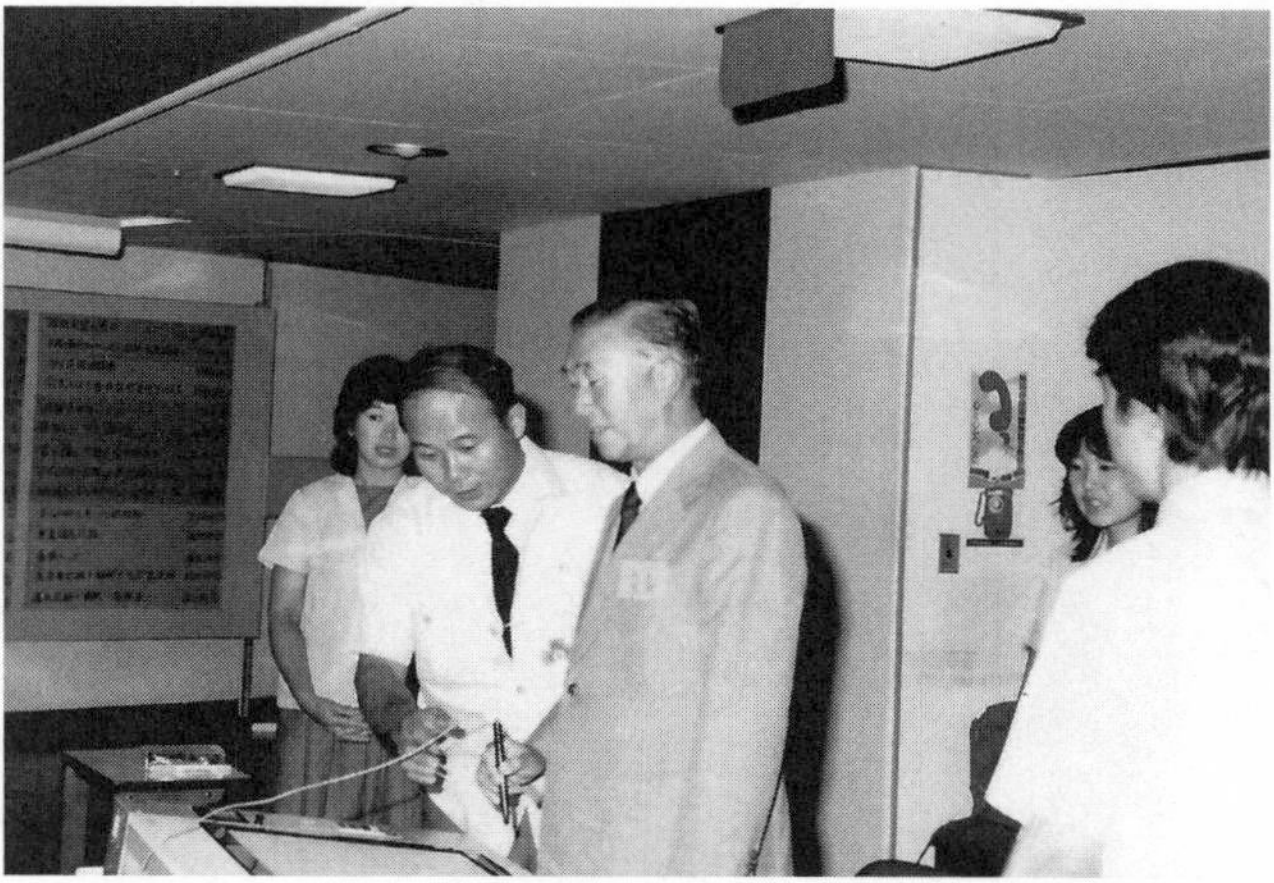
昭和47年（1972）、ソニー中央研究所を訪れ、技術者と語る岩間和夫（中央）

「岩間社長の就任とほぼ同時に建設が本格化したのですが、私は『お前ついて来い』という岩間さんのひとことで、決まっていたヨーロッパ駐在人事をキャンセルさせられて、サンディエゴ工場の建設・運営に携わることになった。岩間さんはよく『品質』という点を強調していましたね」（小寺）

岩間はトップ研究者であると同時にトップ技術者でもあったとは、取材した多くの人から聞いた言葉なのだが、彼が製造技術に関しても高い能力を持っていた事実を物語るのが、この「品質の岩間」といわれることだ。

「私が知る限り、岩間さんは『信頼性の技術』に関する日本初の専門技術者です」

こう証言するのはソニーOBの加藤善朗

である。

加藤は岩間半導体部長の下で新人エンジニア時代を送って以来、「ソニーの技術概念を作り上げた岩間」の薫陶を受け続け、岩間社長の時代には三・五インチ・フロッピーディスクを商品化している。そしてOBになった後も自著『井深流物作りの神髄』(ダイヤモンド社)などで、岩間の技術に関する「フィロソフィー」について紹介を続けている。

そんな加藤によれば、トリニトロン・カラーテレビはモニターに使えるほどの高画質で優位性を保ち続けたが、もうひとつ当時の世の中の常識を覆した性能があった。それは故障率の低さであった。

それまでの真空管式テレビでは「劣化による球ギレ」が避けられなかったが、トランジスタ・テレビとなれば故障は許されないはずだから、設計や部品の信頼性レベルを上げることで故障率を下げる。この成功によって、トリニトロン方式は故障しないテレビという評価を得た、というのである。

こう書いてしまうと「信頼性の技術」など常識中の常識だろうと反論されそうだが、前述のように真空管の時代には故障修理サービスの方に力が入って、信頼性技術などという言葉が存在しなかったのだと、加藤はいう。

「そんな中、ソニーで信頼性技術の研究が本格的に始められたのは非常に早かった。私が岩間さんに頼まれて信頼性の研究を始めたのは昭和三十五年頃のことで、アメリカ信頼性学会のシンポジウム資料をドサッと貰ったのを覚えています。半導体という劣化しないメカニズムを持つデバイスを開発する以上、必然的に他社とは異なる故障の解明が必要になったというわけです」

どのような製品も理論だけで動くはずがなく、複雑な構造が間違いなく動いてくれないことには話にならない。ましてテレビのような民生用機器の場合、どのような環境下でどのような使い方をされるか、じゅうぶんに想定した上で設計・製造されねばならない。

ハイテク兵器の高性能に驚かされるケースも多いが、その使用環境が限定されていることを考えると、どちらの信頼性が高いといった簡単な議論は成立しない。誰でも何処でも使える製品の信頼性技術が確立されるまでには、大変な時間がかかったというのである。

そんな信頼性技術に早くから注目したのが岩間の業績の一つで、かつて地震学者をめざしたという岩間の本質がそこにあるのだと、加藤は以下のように説明してくれた。

「信頼性技術をひとくちでいえば、プロジェクトが動いていくうちに将来起こるかもしれないトラブルを予想する技術、ということになります。これから起こる出来事の予測を、数少ないデータや過去の経験をもとに行って対応していくわけです。数少ないデータから基本メカニズムを導き出して見えない世界を作り出すのだから、地震予測そのものといってよい。まさに岩間さんの世界というわけですよ」

じつのところ、トリニトロン・カラーテレビをアメリカで製造する計画が浮上したとき、最初に出された心配の一つが日本と同質のテレビジョンセットがアメリカでできるのか、という点だったといわれる。

そうであるなら、サンディエゴ工場の立ち上がりを誰がみるかとの課題に、岩間しかいないだろうとの即答があっても不思議ではない。

ソニーの独自技術トリニトロンが本格的に海外進出をしようとしている時に、「品質の岩間」を取るか「半導体の岩間」を取るかといった、選択そのものが意味を持たなかっただろうとは容易に想像できる。「世界のソニー」への試金石がアメリカで待っているのである。

実際、ソニー・コーポレーション・オブ・アメリカ社長として、岩間はよく動いた。例によって口数が少ないことから、とっつきにくいとの声が一部にあったのも事実だが、と岩間の下で働いた営業畑の元社員が語る。

「しかし、営業用の挨拶に付き合うといって、自分から車を運転してどこでも行くといった気軽さがありました。そんなことからアメリカ人には、フレンドリーな人として人気がありましたね」

昭和47年（1972）、テレビに揃って出演した井深（64歳）と盛田（51歳）

彼がサンディエゴ工場の建設を見届けて、ソニー株式会社の代表取締役副社長として日本に帰任するのは、駐米二年目が終わる昭和四十八年六月のことであった。

「アメリカから帰国されてからは、それまで一見『人見知り』でいらっしゃったのが、すっかり人なつっこくなられました」

と岩間の変わりようを話すのは、岩間が常務の時代から秘書を務め、帰国後に改めて秘書となった川田史子である。

「誰にでも『よお』とか『どうかね』『あんたはいま何をやっているの？』と声を掛けるようになり

ました。もっとも、声を掛けられた方が答えようとした時には、もう岩間さんの姿は遥か彼方という独特のコミュニケーションなのですが……」

「海外からのお客様にも一時帰国した社員の方々にも、細かく心を配られていたもので、岩間家のパーティーは大きな楽しみだったようです。奥様もお嬢様もご一緒に、お酒を片手にもてなされる集いで、それをご覧になる岩間さんはニコニコしていらっしゃったのが印象に残っています」

こうして、岩間和夫にとって「最後の十年間」でもある、トップマネジメント兼トップエンジニアとしての生活が始まったのである。

ソニーの半導体は死んでいる

だが帰国後の再スタートは、半導体の岩間にとって非常に厳しいものだった。

彼が帰国する前年、ソニーブランドの電卓「ＳＯＢＡＸ」が電卓戦争に敗れて市場からの撤退を決めていた。「驚きの一万二千八百円」といわれた「答え一発・カシオミニ」が発表され、これ以上の価格競争による混乱を避けるというのが理由だ。

「ソニーではバイポーラICに力を入れていたため、初期のSOBAX用の半導体として必要なMOS・ICを他メーカーから買っていました。途中から社内でもMOS・ICの開発製造を手掛けたのですが、これが完全な手遅れ状態となって電卓から撤退した、というのが実状でした」（あるOB）

ちなみにMOSとは「金属（メタル）・酸化膜（オキサイド）・半導体（セミコンダクター）」を表す英語の略語で、いまのIC・LSIの基本構造となっていることでも分かるように、当時としては最先端の半導体であった。一方、談話の中にもあるように、バイポーラICはトランジスタ開発の延長線上に出現したものだけに、電卓用デバイスとしての使い勝手や省エネ性でMOS・ICより劣っていた。

昭和48年（1973）、トリニトロンテレビで、ソニー初めてのエミー賞受賞

さらに構造的にも、MOSのほうがバイポーラに比べてずっとシンプルで、製造面でも製品としても信頼性が高いとされていた。だが集積度が高いだけに特

性が安定しないなど難問も多く、どのメーカーも開発に苦戦していた。

そうした状況の中で真っ先に電卓への搭載を行ったのがシャープであり、開発そのものを躊躇したのがソニーという図式になった。結果としてソニーは、電卓戦争から下りただけでなく、MOS・ICの技術そのものへの情熱を失っていくことになる。

一方で日本の産業界を見渡すと、この期間における半導体研究の進展には目覚ましいものがあった。その良い例が昭和四十一年から四十六年度にわたって計画された、通産省の大型プロジェクト「超高性能電子計算機」である。

電卓のIC化によって足どりが定まったIC産業界では、続くテーマがICの集積度競争となり、集積回路に超の字がつく「LSI超高度集積回路」の時代に突入することが明確になってきた。特に、多大な予算（当時）が下りてくる軍需産業を抱えるアメリカでは、年に何倍という速度で集積技術が上がっていた。

これに危機感を持った日本の政府と産業界は、日本独自の超高性能電子計算機を開発するプロジェクトを立ち上げた。その主要技術として進められたのが、MOS型半導体の中でも先進的な構造をもつCMOSの開発研究と、その製造に欠かせない細密回路を描画するなどの生産技術の研究であった。

これらが後に、ＮＥＣや東芝など半導体メーカーに世界的な技術と競争力を与えることになるのだが、いわゆる半導体メーカーではないソニーはこのプロジェクトに参加していない。それどころか、半導体の神様である岩間が技術開発の現場を離れた途端に始まった、ビッグプロジェクトでもある点に注意が必要だ。

こうした事情を岩間的に考えれば、電卓に必要な部品を自社生産するか否かだけの問題ではなく、急速に展開する半導体技術を自社で継続的に保有するか否か、崖っぷちに立った気持ちであったろう。

「岩間さんからは『ＳＯＢＡＸからは撤退してもマイクロ・プロセッサの研究は続けろ』との檄が飛びました。メモリー的なＩＣやＬＳＩは専門メーカーに任せるにしても、デジタル家電の中枢となるマイクロ・プロセッサの技術は、絶対に必要だと訴えたわけです。しかし実際には、その技術開発へと針路を変えるべきＳＯＢＡＸ開発部隊は、開店休業状態に陥ったというのが正直なところなのです」（同ＯＢ）

岩間がソニー株式会社・代表取締役副社長として日本に戻ってきたとき、ソニーの半導体はこんな状況下にあった。

各部門の主だったエンジニアを休日に招集して、彼らの口からマイクロ・プロセッサを必要とする技術や製品のアイデアを求めたこともある。だが、テレビやラジオ、テープレコーダーといったアナログ商品が主流を占めていたソニーの中で、デジタル技術の中心に座るマイクロ・プロセッサの、具体的な使い途に関する積極的なアイデアは出なかった。

「ソニーの半導体は死んでいる」というセリフを岩間が口にした(『ソニー自叙伝』)のは、この頃である。

そして岩間は異例にも、ソニーの基礎技術研究の中枢機関であるソニー中央研究所の所長を兼務して、半導体技術の建て直しに邁進することになるのである。

コダックが対抗相手だ

日本に戻って間もない昭和四十八年の秋、中央研究所で進行中の研究テーマを個人面談などによってチェックしていた岩間は、ある研究室に立ち寄ってそのまま足を止めた。

試作実験中のオシロスコープに、数字の5だといったほうが正解のような不格好な「S」の字が浮き出ている。半導体を使った撮像素子が捉えた画像である。

「おっ、君たちもやっているのか」

よほどのことがない限り研究員と個人的な話をしない、といわれるほど口数の少ない岩間が、この「ＣＣＤ（電荷結合素子）」を見て思わず声を掛けたのには訳がある。

いまやＣＣＤは「電子の眼」として、デジタルカメラや携帯電話用カメラの撮影素子、スキャナーやコピーの読み取り素子といったように多方面に使われている電子部品だが、その原理が初めて発表されたのは昭和四十五年のことだった。

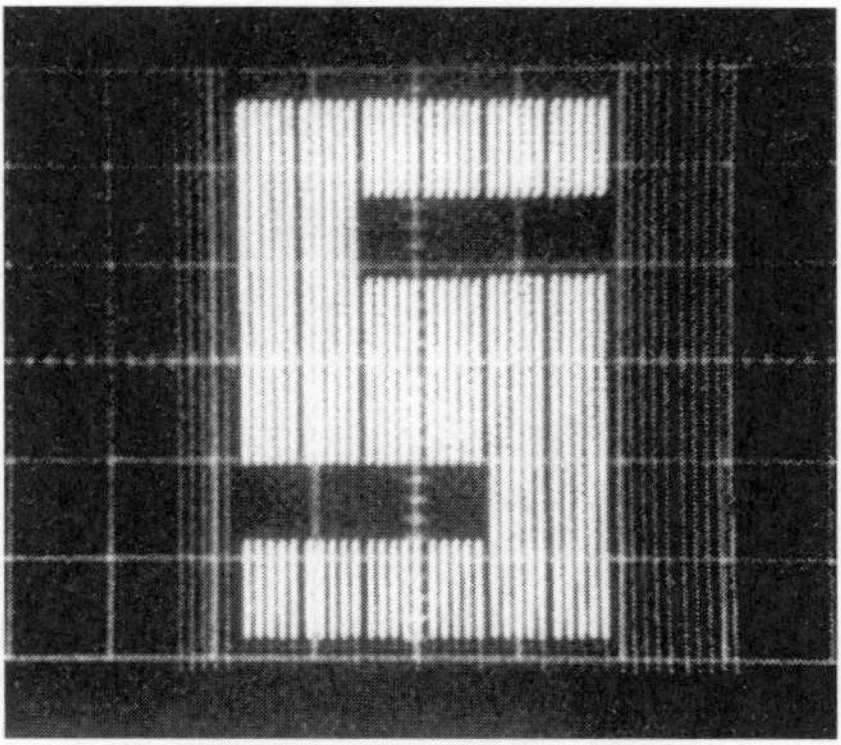
CCD初期開発時、64コマの画素で表示されたソニーの頭文字“S”

ベル電話研究所のボイルとスミスが、シリコンに光が当たるとプラスとマイナスの電荷が作り出される効果をもとに、画像を電気的に取り出す仕組みを論理的・科学的な考察として発表している。
岩間がソニー中央研究所で目にしたのは、その発表から三年後という計算になるのだが「君たちもやっているのか」という言葉のとおり、岩間はもっと早い時期からＣＣＤに注目していた。
それも、岩間自身が後に語ったところによると、ボイルとスミスが正式に発表する前の昭和四十四年に彼らの研究所で見て、ずっと気になって注目を続けていたのだという。

ベル研で発明されたといっても、前述のように「論理的・科学的な考察」として動作原理が示された段階にすぎない。その技術的な可能性についてはもちろんのこと、電子機器として通用させる製造方法も明らかになっているわけではない。

そんな段階にあるＣＣＤ技術に食い付いている研究者がソニー内部にもいたという、ちょっとした驚きを含んだ岩間の感想というべきだろう。

ＣＣＤ研究の中心にいたのは、電卓戦争から撤退したＳＯＢＡＸの開発メンバーだった越智成之である。当時、半導体技術の花形とされたＭＯＳ・ＩＣの開発を手掛け、ＳＯＢＡＸへの搭載を夢見ていたのだが、前述したように電卓市場からの撤退によってその夢は潰れた。

厚木工場から研究所に戻った後も、ＭＯＳ研究は細々と続けていたのだが、彼の気持ちが満たされるはずがない。

そんなときに出会ったのがボイルとスミスによる「ＣＣＤ理論」で、四十五年から島茂雄所長（当時）の許可を得た研究テーマとして、ＭＯＳ開発の合間を縫って取り組んだ。

そのうち、やはり開発プロジェクトからはぐれた狩野靖夫や安藤哲雄らが参加したが、まだまだスケールからいっても個人研究の域を出なかった。

それでも約二年後となる四十七年には、シリコン表面にタテ・ヨコ八個ずつの受光窓（画素）が行列している簡単なＣＣＤが作られていた。つまり、ベル研による原理発表から二年足らず後に、越智たちは小規模な実験機を開発していた。その実験機が八×八＝六十四個の枡目を使って表現できる文字として、ソニーの頭文字「Ｓ」の像を作り出していたところを、研究所視察中の岩間が目にしたというわけである。

以来、岩間は中央研究所にやって来るたびにＣＣＤに関して話し込むようになる。そして帰国から五カ月後の昭和四十八年十一月に、岩間の直轄プロジェクトとしてＣＣＤ開発が本格スタートすることになった。

というよりも、海のものとも山のものともつかない段階の技術を、副社長として直轄プロジェクトに組むとは「強引なセットアップとしかいえない」という声が多かったのだが。

このようにして、越智をプロジェクトリーダーとする開発スタッフの総勢は十五人と急増した。中央研究所の四階がＣＣＤ開発の専用スペースとなり、カメラテストのための暗室や最新の計測用機器も入った。

このプロジェクトの発足にあたって岩間が発した言葉を、越智は今でも明瞭に覚えているという。

「岩間さんは『われわれの競争相手は、ほかの家電メーカーではない。イーストマン・コダックが対抗相手だ』といったんですよ」

アメリカのイーストマン・コダック社といえば世界的なフィルム・メーカーであり、ムービー・カメラとそのフィルムも市場に提供している点で有名な存在だ。

そのイーストマン・コダック社が対抗相手だと強調したのは、岩間が「フィルム式カメラは将来、CCDカメラによる半導体記録式に置き換わる」と明確に判断していたことを物語っている。

「さらに岩間さんは、こう話した。『CCDのためにCCDをやるんじゃない。ソニーの半導体を生き返らせるためなんだ』と。

MOS・ICを手掛け損ねたソニーが、これからも半導体技術で進むには、より難しいCCDにチャレンジするべきだ。だからCCDのためだけにCCDの開発をしてはいけない、という意味だと私たちは理解しました」(越智)

このCCDプロジェクトを立ちあげた動機について、寡黙な岩間としては珍しくかなり具体的に述べたことがある。時間的には少し先の昭和四十九年で、岩間が話した相手はその年の八月に岩間から研究所長の席を引き継いだ菊池誠である。

菊池は自著の『日本の半導体四〇年』（中公新書）の中でも、「ある日、中央研究所の応接室で、岩間さんは、ふと思い出したような口吻で、私に『あのCCDカメラのプロジェクトだけどね』と話しはじめた」

との書き出しで紹介しているのだが、改めて菊池本人から話を聞いた。以下は菊池の体験談である。

岩間は秘書に「ちょっと入口を閉めてよ」といい、部屋の中は岩間と菊池の二人だけになった。菊池所長の頃にはよくあった、二人だけの会話シーンだという。

「菊池さん、ちょっと言っておきたいんだけど、僕がCCDカメラのプロジェクトを中央研究所に作ったのには二つの意味がある」

一つはSONYの技術に関わる岩間の眼である。

当時SONYは半導体こそ製造していたが、東芝やNECのようにいろんなタイプの集積回路デバイスをすべて自社生産する、といった事業ではなかった。ビデオなどSONY独特の技術に関係した半導体だけやる、という方針でやってきた。

これで一つ心配していることがあると、岩間はこういった。

「ウチのように、社内の需要を満たすことばかり考えてICを作っていると、下手をすると馴れ合いになって、世の中の新しい技術の流れから取り残される危険がある。そこで、難しい技術をやってみる練習問題をウチの技術者に与えなければならない。CCDは高度のLSI技術を必要とするし、間違いなく難しい。これはよい、と思った」

もう一つは経営者としての岩間の考えだ。

ビジネス上のライバルが常に東芝、日電、日立というのではなく、新しいフィールドに入りたい。それにはカメラだという。

「おかしいではないか、世間では皆が毎日テレビのディスプレイを見ている。ところが写真となると、どういうわけか皆が紙にしないと気がすまない。全部がエレクトロニクスでいいはずじゃないか。だから自分としてはエレクトロニクスで動くカメラをやりたい」

従来のカメラ（フィルム式）と同じようなコンパクトで軽い電子カメラができれば、フィルムを現像に持っていく必要がないだけに、受け入れられる。また、電気信号として保存するのだからネガの扱いに困ることはない。

「だから全電子式カメラは面白いと思った。そうしたらCCDのことを思い出した。中央研究所でも手掛けているとなれば、将来の目標をカメラのビジネスに置いて、CCDカメラのプロジェクトに組んで走ってみようと私は考えた」

おおよそ以上のような話を、岩間は技術担当副社長として中央研究所の菊池所長に諄々と説いたのだという。

「そして岩間さんは、この二つの理由でプロジェクトを作ったから、あなたが嫌だったら消してもいいが、今のボクの気持ちを分かってくれたなら続けてくれ、というわけです。もちろん非常に面白いし、私自身も興味があるから続けました。何といっても、これは経営者としての百年の計ですからね」（菊池）

くどいようだが、これが今から三十年以上も前の会話であることに注目してほしい。ＣＣＤ研究の端緒を作ったベル電話研究所でさえ、その実用化どころか製品化の見当さえ付けられていなかった。そんな時代に、いま我々が享受している生活の便利さを技術的に見通した、その眼力には驚くべきものがあるではないか。

五年間で商品化する

しかし現実の姿は、それほど格好よいものではなかったと菊池はいう。

就任したばかりの研究所長として、まず最初に見なくてはならない研究プロジェクトだけに、菊池はＣＣＤ開発の現場に足を踏み入れて驚いた。

「まだカメラの形をしていないバラックセットという実験機があって、配線がいっぱい出たＣＣＤカメラがオモチャの人形に向けられている。ところが、その人形を映しているはずのディスプレイ画面が、まったく何だか分からない。黒いスジと白いスジ、黒い点と白い点がたくさんあるだけで、『これ何？』という状態のものでした」

そんな状態の技術内容をもとに岩間は、対抗相手はイーストマン・コダック社だと越智たちに檄を飛ばしたのである。さらに岩間は、驚くべきことをつけ加えている。

「『ＣＣＤカメラは、今後五年間で商品化する。そのときの価格は五万円が目標だ』といわれたんです。あっけにとられて反論どころじゃありませんでした」（越智）

なにしろ、その頃の試作ＣＣＤの性能といえば、タテ・ヨコとも百行列以下の一万画素にも及ばないのだから。

ここで、ＣＣＤに求められる基本的な性能に関して簡単に触れておこう。

前述のタテ・ヨコ百行列とは、百人ずつ百列に並んだ人によって人文字ならぬ人絵画を描くことと同じと考えてほしい。一人が一色だけ使う、との条件下である。

文字なら「百画素」もあれば現在の電光文字からも分かるように、そこそこの表現が可能だろうが、絵画となるとまともな形にならない。新年になると高層ビルの「窓明かり」を使って、謹賀新年といった文字を作る。しかしクリスマス時期にツリー模様を作るとなると苦労するのは、結局のところ窓の数が少ないからである。ＣＣＤでも事情は同じで、シリコン片に受けた光の像をどの程度まで細分化して電気信号化できるかが、基本的にして最初の問題点となるのだ。

もちろん、実際に電子部品化するとなれば、その電流を取り出す方法や速度、明暗の差をどの程度まで表現できるかなど、さまざまな問題点が山積みとなる。だが、なによりもまずは実用的な「チップ上の画素数」を増やすことから始めねばならない。

そして、たとえばビデオカメラの映像を家庭用テレビで観ることを考えた場合、三十八万画素が実用上の理想とされた。つまり、数ミリから一センチ程度のシリコン・チップ表面に、タテ・ヨコ合計三十八万個の受光用窓を明ける必要がある。

大雑把にいって、タテにもヨコにも一列あたり六百個強の窓が開いている計算だが、これは普通のテレビ画面（ＮＴＳＣ方式の場合）では、縦方向に五百二十五本の走査線で画面が作られていることに関係している。

加えて、これらの受光窓（画素）を電気的に連動させるための、電子回路を作り込まねばならない。そのためのシリコン・チップにはどんな性質が必要なのか。微細な回路パターンを描く最適な方法は、その製造機械はどこにあるのか。さらには、製造したＣＣＤの性能を評価する検査機器も、新しい技術だけに自前で開発しなければならない。

また、影像というデリケートな情報を相手にするとなれば、いったいどこまでやれば、一応の完成といえるのか。考えるだけで、難問が津波のように押し寄せてくる。

「五年間で五万円のＣＣＤカメラを作る」プロジェクトにはどんな難関が待っているのか、技術開発ではいつものことだが、まったく分からない。

もちろん、岩間にはそんな迷路状態は当然計算の範囲内となっている。

「いまの問題は何だ。その問題を解決するにはどこに手を入れる必要があるのか。それがもし、数千万円の装置を買わなければ解決しないのなら、今日でも明日でも金を払ってやるから、買え」

こう彼は言い続けたという。プロジェクトはどんな経過を辿ることになるのか、まるで見当がつかない。

「でも岩間さんのスゴイところは、いつも『何とかなるさ』という顔をしているんです。

技術や研究のトップは決して悲観的な顔をしちゃいけないのですが、まさにその手本のような人でしたね」

いまでも菊池には、そういう時の岩間の顔を思いだすときがあるという。

第9章

電子の眼をつかみとれ！

ソニーの未来を開くテーマ

岩間和夫は昭和四十八（一九七三）年六月にソニー副社長に就任すると同時に、ソニー中央研究所の所長職も兼務することになった。

だが、ほぼ一年後の四十九年八月には、通産省電気試験所で半導体の研究を続けていた菊池誠に研究所長の椅子を譲っている。しかも自分の研究所長時代、副所長には厚木工場長を兼務する高崎昇専務を充てている。

これはどうみても、研究所で新規の半導体研究を急遽立ちあげるとともに、その成果を速やかに製造技術・量産技術に落とし込んでビジネスに繋げるぞ、という岩間のアピールであった。

岩間はよく、研究プロジェクト発足を承認する際に「研究の内容はまかせるけれど、使いたい部下に関しては相談してね」といった。それだけ自分が統括している研究者や技術者の能力や適性を具体的に把握しているのはもちろん、人事配置に厳しい眼を持っていて妥協を許さなかったことで知られていた。いや「天皇」と呼ばれるほどだから、恐れられていた、と表現したほうが正しいだろう。

そんな岩間が、副社長として本社業務に忙しい身でいながら研究所長となり、製造現場の長を研究所の副社長として呼び、次いで研究所長の後釜として国際的に実績ある半導体研究者を連れてきた。これが意味することを分からないソニー技術者がいたら、ぜひお目に掛かりたい、というより社内に存在するなといったのである。

後にCCD開発プロジェクトに加わることになる、川名喜之が書き記しているところによれば、岩間は当時、研究内容を仔細に点検した結果、ソニーの未来を開くテーマとして「五大重要テーマ」を策定している。（川名喜之『CCD開発の父』）

1. 磁気記録用材料、デバイスおよび記録技術
2. 化合物半導体技術およびデバイス
3. 衛星放送用デバイスおよび材料技術
4. デジタル信号処理技術
5. CCD（電荷結合素子）

以上の五項目であった。

三十数年後の今日から見ると、あまりに常識的な内容に思えるかもしれない。だが、逆

にいえば「あまりに常識的な内容」であるのは、技術の将来像を正しく見据えていたことの証明ともいえるだろう。

さらに興味ぶかいのは、重要とされた技術のすべて（3の衛星関係は除く）が、これから開発される「CCD搭載ビデオカメラ」「CCD搭載デジタルカメラ」の基幹技術となっている点である。

初めての家庭用カラービデオ・レコーダー（VTR）の「ベータマックス」が発表・発売されるのは、昭和五十年になってからのことだ。ライバルとなるVHS方式VTRが登場するのがその翌年、そして「ベータ対VHS」という話題を提供しながら家庭用ビデオが一般化していくのは、さらに数年後のことである。

ここから考えると、CCD研究・開発を岩間直轄プロジェクトとしてスタートするにあたって、

「われわれの競争相手は、ほかの家電メーカーではない。イーストマン・コダックが対抗相手だ」

このように宣言したトップエンジニア岩間は、経営者としてのセンスにも並々ならぬものがあると感心せざるをえない。

「岩間さんの言葉には、まったく曖昧な部分がない。だから開発プロジェクトを進める現場部隊としても、『出来る。やるしかない』との気持ちを固めて突っ走ることになるんです」

（部下だったＯＢエンジニア）

だが、実際に開発を始めてみると「五年でＣＣＤカメラを実用化」どころの話ではないことに間もなく気がつく。

世界初の家庭用ビデオレコーダー

世界のどこを捜してもない技術レベルの製品を五年で、しかもたった五万円の定価で作れということ自体が無理に近い。しかも技術的に無理どころか、ほとんど無茶な計画であったことが分かるのである。

前述のようにＣＣＤは数多くの画素を内蔵することで、はじめて撮像素子としての存在価値がある。数ミリから十ミリ四方のシリコンチップの表面に、タテ・ヨコそれぞれ数百列におよぶ「受光窓」の行列を作る。これによってできる数十万個の窓が、それぞれ「絵の素」である画素として働くことで、映像をキャッチし電気信号

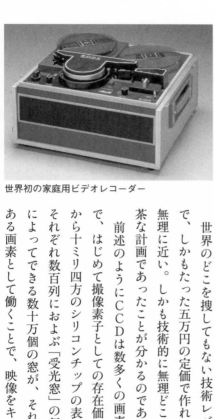

化できる。

将棋盤のマス目を塗りつぶして表面に絵を描くより、マスの数が多く密な碁盤の目を塗って絵を表現したほうが、よりリアルな画像に見えるのとよく似た理屈である。それがさらに、網戸の目ほどに小さくなれば、映像はなおのこと自然かつ詳細に描写できる。

しかし微小化のためには課題もあって、同じたとえを使えば将棋盤より碁盤の目の方が小面積だから、区分するための線を引くのに技術と手間が必要となる。加えて、その枠をはみ出さずにモノを載せるとなれば、一目あたりに大した量は望めない。

これとよく似た問題が、CCDの開発・製造においても起きる。

まずCCD上の画素数を増やすには、シリコンチップ上に極微小な「受光窓」の精密なパターンを完璧に描く技術が必要となる。だが、画素が増加するに従ってそれぞれの窓の面積が小さくなるから、そこで受けた光の量を正確に電気信号へと反映させる技術が、逆比例的に難しくなってくる。

かりに十ミリ幅の間に数百個の窓を明けるとなれば、単純計算でも一個あたり数十分の一ミリ、つまりミクロン単位の工作となってしまう。それほど微小なシリコン表面が、それぞれ半導体として正確な機能を発揮しない限り、CCD撮像素子とはなりえない。

それも単に窓を開けるだけでなく、表面に付く危険があるゴミなどの微細な異物も、生産工程から完全に締め出す必要がある。

研究所長に就任したばかりの菊池が、白と黒の線や点ばかりで何が映っているのか分からない、「まるでスダレ越しに景色を見ているようだった」とも述懐しているのは、こうした問題点が露になった結果であった。

ＣＣＤを作るということ

菊池はこの現象を目にしたとき、岩間が「難しいチャレンジ」といった言葉を改めて噛みしめた。そしてその具体的な内容を自著『日本の半導体四〇年』で述べているので、その内容に助けをかりて、ＣＣＤ開発の問題点を分かってもらいたい。

菊池は「このプロジェクトの苦難の道は、シリコン結晶の中にできているキズを中心に始まり、続いた」と述べる。

ＣＣＤを作るということは、シリコン結晶に微細な細工を施すということでもある。まずシリコン表面に酸化膜を作り、その膜を切り取りながら多数の窓を開けたあと、受光窓で生まれる電気を受ける電極を設ける。じつは、この時点ですでにある種のキズが生じているかも知れない。

CCDでは、それぞれの受光窓で生まれた電気を順序よく並べて一方向に送り出し、基本的には「一本の信号電流」にしてやる。この動きをよく「バケツリレー」にたとえるように、信号電流は結晶内につくられた電極を次々と経由する形で取り出されていく。

このときもし、どこかに「光が当たらないのに電子が涌き出すキズ」があったら、その電気もバケツリレーされてしまうので「白い点」として出てきてしまう。

逆にもし、どこかに「電子を吸い取ってしまうようなキズ」があったら、バケツリレーが止まって先に電気が流れないから「黒い筋」となってしまうだろう。

では、「電子が涌き出すキズ」とか「電子を吸い取ってしまうようなキズ」とは、いったい何で、どうしてできるのか。少しずつ分かってきたその正体は、結晶を構成している原子の並び方に局所的な乱れが生じるため、なのだという。

もっとも望ましい結晶構造は、シリコン原子がどこまでも規則正しく並んでいる状態である。ところが、ときに原子が並んでいる面に乱れが起きて、途中で途切れてしまうという現象が起きることがある。特に酸化膜を作っているときに起きやすい現象だそうだ。

この途切れた部分（スタッキング・フォールトと呼ぶ）に、侵入してきた銅や鉄、ニッケルなどの金属原子がくっつくと、電子を吐き出したり、電子を飲み込んだりすることになるのだという。

このメカニズムが分かるまでにも時間が必要だったが、現象として分かったからといって「そうならないシリコンが生産できる」というほど半導体の処理技術は簡単ではない。

完璧なシリコン結晶の作り方、スタッキング・フォールトができない酸化膜の作り方、不要な金属が飛び込んだ時の処理の方法、そうしたゴミやキズができないような生産設備や生産環境とは……。ありとあらゆる可能性や危険性の組み合わせを考えながら、ＣＣＤという生産物の製造方法を探らなければならない。

「ところがその頃、ソニー中央研究所の半導体シリコンの研究室の実験室はかなり見すぼらしいものでした」と思い出すのは、半導体事業部からＣＣＤ開発マネージャーとして加わった川名喜之である。

「その実験室では、（回路図を焼き付けるための）写真工程を行う部屋とシリコンウエハーの洗浄を行う部屋が、曲がりなりにもクリーンルームになっていました。ところが、その他の拡散室、ＣＤＶ室、金属蒸着室、化学実験室といった設備は本来の意味のクリーンルームではありませんでした」

しかも、実際にウエハーを処理することができる熟練した作業技術者も数人しかいなかった。作業内容によっては研究所内では間に合わず、厚木工場で処理してもらうといったこともあった、という。

研究所というものの性質上、新しいテーマを捕まえて新規な研究を行うのが本筋なのだから、作業内容を把握しきった設備はもともと望めない。

「しかし、ＣＣＤの開発はシリコンＬＳＩ技術、特にプロセス技術の最先端を駆使して、設計通りのものを作り上げる高度の集団的開発行為です。初期の段階は別としてもＣＣＤ開発では、それまでの研究所の体質とは異質のものが要求されるようになっていたわけです」(川名)

つまり、基本原理をメカニズムに落とし込むといった研究開発の段階なら、研究所的な雰囲気で進めやすい。しかし、可能な限り画素数を上げるための製造方法とか、より精密な微細加工を導入する手法、そして製造工程の制御を行うといった「プロセス技術」となると、半導体工場並みの設備と製造現場的な発想が欠かせなくなる。

ところが、この「原理を機構にする」ことと「その機構を製品に磨き上げる」という両輪が、なかなかうまく嚙み合わない。

ＣＣＤ開発にあたって作られたパート図（総合開発活動計画線図）には、ＣＣＤ撮像素子の開発部分だけでなく、その設計・評価の部分に加えて、ＣＣＤ「カメラ」開発の部分、ＣＣＤ写真工程マスク製造部分、コンピュータによるＣＣＤ画質評価シミュレーション研究部分なども含まれていた。「ＣＣＤカメラ」の生産・販売までを視野に入れたプロジェクトなのだから、当然といえば当然である。

このパート図は越智成之が担当し、各部分の責任者と詳細に打ち合わせた結果として作製したものなのだが、実際の進捗が予想を裏切り続けるため次々と訂正されていった。もちろん、一番の「犯人」は最も肝心なＣＣＤ撮影素子の開発進行の遅れであった。

プロジェクトの大改造

不満足の連続を強いられてきた岩間は、四十九年一月にプロジェクトメンバーの大幅入れ替えを断行することにした。

ＣＣＤ開発を研究活動中心の中央研究所まかせにせず、半導体製造のプロ集団である厚木工場のエンジニアも参加させることにした。具体的には厚木のMOS・LSI部門を丸ごと全部、中央研究所のCCDプロジェクト担当として移動させる。

つまり、CCDの設計と、そのCCDを用いるカメラの開発に関しては、従来通り中央研究所のスタッフが行う。だが、CCDの製造とそのための技術開発に関しては、研究所スタッフ頼みを止めてしまい、組織的開発に慣れている工場関係のエンジニアを投入する。そのために中研で余ったメンバーは厚木に移して別の担当とする、というトップダウンプロジェクトでしか考えられない荒療治を決断したのである。

もともと研究所スタッフと厚木スタッフは、同じ半導体という意味ではよく似た技術を担当するが、そのアプローチに関しては相当な違いが出てくる。その違いも、どこまで理論を技術的に突き詰めるかという研究と、どうすれば世間に受け入れられる製品ができるかという製造だけに、性能などに関して意見の衝突を生みやすい。

研究所は新規技術の研究に関してはプロでも、技術を形にするとなると工場サイドのエンジニアの方が手慣れている。したがって、たとえばプロセス開発を厚木工場の半導体事業部が担当するとか、デバイス開発を厚木工場サイドでも行うといった、研究所と厚木工場の協力・分担がもとから考えられた。

ところが実際の厚木工場サイドの反応といえば、当初は厚木工場側からプロジェクトを観察していた川名の言葉を借りるならば、

「ソニーの厚木工場は半導体の本部といえるのですが、中央研究所におけるCCD開発が暗礁に乗り上げていることを横目で見ていた。そう簡単に出来るものではないことは、厚木側にも分かっていた。岩間さんの苦しみも研究室の担当者たちの苦しみも、よく分かっていたにもかかわらず助けようがなかった。というよりも正直なところとしては、先行きの結論はどうなるのだろうといった、傍観者的な態度でいたのです」

井深が求めた「自由闊達な理想工場」という表現が泣くような、とんでもない現状がそこにはあったことになる。

「お前たちは、まるで昔の陸軍と海軍のようなもんで、まったく困ったもんだ」と、岩間でさえコントロールしきれない関係であった。

であるならば、難局に臨んでこれを逆手に取るという考えもある。

「それでも仲違いをしていられるのなら、やってみろ。これは将来のソニーに絶対欠かせない半導体技術として、研究所と工場のスタッフが協力して進めるべき製品プロジェクトなのだ」

という岩間流のアピールが、CCDプロジェクトチームに加えられた大改編に込められていたに違いないのである。

川名は、こうした入れ替え人事の結果として厚木工場から中央研究所へマネージャーとしてやってきた、つまり「厚木から来た進駐軍のボス」ということから「マッカーサー」とまで一部で呼ばれたそうだ。

これだけでも、研究サイドと製造サイドの仲がいかに険悪だったか見当がつくのだが、ショック療法的な岩間プランを有効とするために、人的交換だけでなく設備の入れ替えまでが行われた。

中研のCCD開発部門は直径四十ミリのウエハーを使っていたため、設備も四十ミリウエハー対応のものであった。ところが厚木は、新鋭の装置によって直径五十ミリのウエハーを使っていた。

そのため中央研究所では五十年の正月早々から、大規模な引っ越し騒ぎが展開されることになった。中央研究所のプロセス室は四階にあったから、エレベータに収まらない設備はクレーンで吊り上げて、窓から運び入れるという有り様となった。

もしかしたら岩間は、このような印象的シーンが眼前で展開されることまで計算に入れて、研究所と工場の間での交流人事を挙行したのかもしれない。そうでもなければ、意味のない行為を徹底的に嫌う岩間が、わざわざ新旧の装置を交換するなどといった作業をさせるはずがない。あくまでも「ＣＣＤにかける岩間の強烈な意志」を、プロジェクトメンバーにはもちろん、全社的にも見せつけたかったとしか私には思えないのである。

さて、厚木から持ち込んできた多くの大型装置の配線や配管を終え、ＣＣＤの開発に本格的に着手したのは三月に入ってからのことである。

昭和50年（1975）、家庭用ビデオ、ベータマックスを発表する井深

その直後、ＣＣＤプロジェクト会議を主宰しているプロジェクトマネージャーの川名に、ＣＣＤカメラ開発の担当者がこんな発言をしたという。

「川名さん、私たちはいったい何時まで、カメラに使えるＣＣＤが出来てくるのを待っていなければならないんですか。私たちはいつまでも若いままではいられないんです。若いうちにいい仕事がしたいんです。本当にいつになったら使えるＣＣＤは出来てくるんですか」

じつは、この直後にあたる五月に、ソニーは世界初の家庭用ＶＴＲといえる「ベータマックス・ビデオ」の発売を予定している。

いってみれば発売前夜に行われた会議というわけで、それだけに皆の心の中には、ビデオレコーダと共にＣＣＤ搭載の家庭用ビデオカメラを売り出すことができていたら、との思いが強くあった。それが思わぬ抗議口調となって、メンバーの一人から漏らされたに違いない。

不機嫌な岩間

思わぬ事態は、続いて起きる。

昭和五十年四月のある日、ソニー本社の岩間から川名あてに電話が入った。

「五十一年五月七日はソニー創立三十周年にあたる。いい機会だから、その席で開発したＣＣＤカラーカメラを発表したい。それに間に合うように開発を進めてくれ」

岩間としては、開発体制を変更したことでＣＣＤ開発も一気に進むと考えていた。いや一気に進めるべきだと思っていた、というべきか。

彼の注文というより命令を聞いた川名は、ぎょっとしたという。あと一年しかないじゃないか、そんなことができるくらいなら何も苦労していないさ。しかし天皇からの命令だから、口が裂けても出来ないとはいえない。

もちろん所長の菊池にも報告したのだが、予期したとおり「その目標めがけて精一杯努力しましょう」との返事しか返ってこなかった。

じつのところ川名は、この昭和五十年という年は、翌五十一年の目標として設定した試作開発を行うための基礎条件の確立のための時間、と考えていた。ちなみに川名がこの頃、一年間の開発計画の概要として書き残していた報告書を見ると、

〈微細構造、大面積のＣＣＤ完成をめざして、欠陥フリーにするための各プロセスの基本条件を固める〉

〈上記のプロセス条件に基づき、フレーム・トランスファ方式のプロセスを固め、三チップ方式カメラＣＣＤの最終設計ができる条件を整える〉

といった文章が見える。どう読んでみても、これからＣＣＤに必要な諸条件、それも画素数アップのための条件とか光電変換された信号の取り出し方といった、基本中の基本を

固めていくつもりである、としか読めない。前に菊池の解説を借りて述べた、「CCDにとって難問の結晶のキズ問題」の解決さえ、これからといった感じである。

ところが岩間の「一年後に発表」の一言によって、それどころの話ではなくなったのであった。

もちろん、岩間が無理を半ば承知でプロジェクト推進を急かしたのには、彼なりの具体的な理由があった。この直後にあたる五月に、アメリカのRCA社が、初めての3CCD（CCDを三枚使った）カラーカメラを発表したのである。

発売ではなく発表というだけあって満足できる性能ではなく、ソニーが目指しているカメラ性能には遠く及ばない内容だったが、世界初のCCDカメラであるのは間違いない。ソニーとしてはグズグズと時間を使っている暇はない、ということだけは確かな状況となったのである。

この頃のプロジェクトの様子を越智成之は、『日本半導体50年史』の中で次のように証言している。

「開発の中で大きなポイントは、画面の均一性と単位面積あたりの感度を上げること、そして高集積化だった。しかし、ホコリの管理と重金属汚染の防止という大きな難題が待ち受けていた。昭和五〇年の秋頃には、試作品による撮像実験が行えるようになってきたが、傷だらけで今思えばとても見られたものではなかった。しかしトップダウンプロジェクトでもあり、メンバーも果敢に挑戦、感度および画素数は直線的に上がっていった」

この頃の岩間も、副社長業で忙しいはずなのに月に一度のペースで研究所を訪れ、プロジェクト進行について詳しく尋ねている。そのときの様子を川名は以下のように描写している。

昭和50年（1975）、米国アラバマ州の工場での鍬入れ式に臨む岩間（中央）

「岩間は物理の出身である。問題を論理的にとらえ、原因を明らかにし、それを改善するための論理的な対策を立ててこそ開発は進むものと考えていた。従って開発状況の報告を聞くと、先ず『それは何故なのか』と聞いた。

例えば、色々な種類の画像欠陥が現われる。それぞれの原因は何か、それを改善するために、これからどういう対策をとるか、と聞いたのである。またある日に前月よりよい結果が出たとすると『何故よくなったのか』と聞いた。担当者もマネージャーもこれがよく分からない。岩間は例によって不満、不機嫌であった」

こうした事態に岩間としても、ＣＣＤ開発は一筋縄ではいかないと感じ始める。

「ＣＣＤの欠陥の問題はまるで生物学だ。複雑な現象がからまりあってわけが分からん。やれどもやれども底が見えない」

仰天する指示

昭和五十一年一月、岩間和夫はソニー創立三十周年を目前にして代表取締役社長に就任する。岩間社長、盛田昭夫会長、井深大名誉会長というトップスリーの布陣が明瞭になったわけだが、社長プロジェクトとなったＣＣＤ開発の進捗状況は相変わらず芳しくない。

前述した、ソニー創立三十周年でＣＣＤカメラを展示する計画も失敗に終わり、先の見えないプロジェクトに対する社内の風当たりも強まる一方だ。トップダウン・プロジェクトということから、思い切って投じられた研究開発予算や設備投資予算が背景にあるだけに、井深名誉会長、盛田会長の二人も、不安と疑問を口にするようになってきた。

だが、岩間はめげない。

当時、毎週火曜日はトップと主要な管理職が一カ所に揃って昼食を摂る、いまでいうランチタイム・ミーティングが開かれていた。とはいってもソニーらしく、井深大の突然の発言に対して皆が好き勝手なことを言う、といった会なのだが。あるときの昼食会が終わろうとしたとき、井深が立ち上がりながら隣の岩間に向かってこう言った。

「ところで岩間くん、例のＣＣＤはいつになったら完成するのかね」

これに対して岩間は、顔色ひとつ変えずにこう返答している。

「さあ、たぶん私が生きているうちはダメでしょうね」

まさか、生きているうちはダメという言葉が現実になるとは考えもしなかっただろうが、あまりの岩間らしい返答に周囲も口を挟むことができず、その昼食会は終了したのだという。

似たようなことを、予算担当の大賀典雄副社長にも言い続けた。

「ＣＣＤには金を使う。しかし、今世紀（二〇世紀）中に回収できるかどうか分からないよ」

プロジェクトの主要メンバーだった越智や川名たちも、

「今世紀中（の開発）はムリだ。リターンは二十一世紀だよ」

と、同じようなセリフを何度聞いたことか。

だが、もう一つの岩間の口癖もあった。

「お前たち、（開発研究を）止めたくなったら止めてもいいんだぞ」

ＣＣＤ開発を手掛けているのは、当然だがソニー一社ではない。ところが、Ａ社が開発を諦めＢ社がレースから落ち、といった具合に次々と開発研究から引いていった。発明元のベル電話研究所でさえ、民生品としてのＣＣＤ開発から手を引いたほどの難物である。

そんな状況の中で、「ソニー独自の半導体技術」とするための研究開発を牽引していく。岩間の技術者社長としての手綱さばきは、いよいよ力強さと正確さが問われるようになったのである。

「そして、ようやく夏頃には、二方式による二種類のＣＣＤカラーカメラ試作機を作ることができた」と一息ついたのはプロジェクトリーダーを務めた川名喜之である。

七万画素ＣＣＤを搭載したカメラで、まだ画像欠陥が残り、感度も決して良いとはいえない。依然として基本的な解決課題となっている受光画素の目つぶれによる黒点や、重金属原子による白筋などが目立って、「画面がスダレ越しに見るような不明瞭」状態が解決しきれていない。

まだまだ商品化できるような技術レベルではなかったが、外部アピールの時期であるとしてプロジェクトチームは学会への発表を決めた。五十二年二月にはテレビジョン学会のテレビジョン方式・回路研究会で、同四月には電子通信学会の半導体トランジスタ研究会でデバイス構造に関して、学会報告を行っている。

ビデオ対応ＣＣＤカラーカメラの発表としては、ベル研究所・ＲＣＡチームによるものに続く、世界で二番目となる発表であった。

これは学会のみならず、日本の半導体デバイス・メーカーに対して衝撃を与えることになった。

「日本の半導体メーカーは大半が『ＣＣＤカメラはなかなかモノにならない、それよりもＭＯＳメモリーの開発が大切である』ということでＣＣＤ開発を手控えていた。それをＭＯＳ・ＬＳＩの力が全くあるとも思えないソニーが開発したのだから、これは注意しなければならないと開発を改めて考える空気ができました」(川名)

以前も述べたように、ＭＯＳと呼ばれる型式の半導体は、大容量の集積回路の技術として、すでに業界の標準技術となりつつあった。そのなかでソニーは高密度・高性能の半導体技術に出遅れている、というのが一般的な認識だった。

そのソニーがMOSと同じような、いやMOS以上に高度な製造技術が必要とされるCCDを、着々と開発していたという事実は大きな驚きだったのである。

それでもなおソニー社内には、CCDプロジェクトに対する批判があった。それどころか、トップダウン・プロジェクトとして次々と開発費が投下される割には、なかなか成果が上がってこない状況に対して、嫉妬までを含めた批難は高まるばかりであった。

川名によれば、ある部長などは「CCDはいま熱病の中にある。そのうち治まるだろう」とうそぶくありさまだった。もう仕事は終わりとばかりに川名の机が職場から運び出されそうになるという、ウソみたいな体験までしたという。

しかし岩間にとっては、この種の疑問や反対論が出るのは元より承知の上、だったとしか思えない。月に一度の中研訪問では、以前に増して彼の口から熱のこもった質問が飛び出し、的確かつ厳しい要望が示された。

それどころか、プロジェクトチームのメンバーを仰天させるとんでもない指示までが相次いで出された。

まず三月頃には、中央研究所長であった菊池誠に「CCDについて日立と共同開発をやりたい。日立との間でこの話を進めてほしい」と要望する。

この話が進展しないと見るや、五月頃には再び菊池に向かって「ＮＥＣとＣＣＤに関して共同開発をやってくれ」と命じている。

よほどのことがない限り理由や背景の説明なしに部下への指示を行う岩間だけに、菊池にもそれを間接的に聞いた川名にも彼の真意はわからない。

共同開発を持ちかけられた日立やＮＥＣとしても突然の話だし、両社とも独自の開発プロジェクトが動いているだけに、おいそれとは共同開発の話が進むはずがない。

こうして夏をすぎる頃、岩間は今度も突然、菊池に対して「ＣＣＤの開発をやめてもいいよ」と言い出した。

これを聞かされた川名によれば、「やめろと言ったのではなく『やめてもいいよ』と言ったのは、菊池の判断に待つという意味であるし、それはプロジェクトメンバーの意欲と自信の程をテストする意味も含まれていたのだろう」ということになる。菊池は菊池で、同じように川名の反応をテストしたかったのかもしれない。

川名は直ちに答えた。

「ここまでＣＣＤの開発が進んで来ているのに、今やめることはないんじゃないですか。

もう少しやったら、もっと良くなると思いますよ」。

菊池は「うんそうだね」と言って、自分の考えと同じであることを確認した。岩間からは、その後これに関して反応はなかったという。

プロジェクト前進

「楽観主義者であり強烈な自信家」というのが、多くの人に共通する岩間評である。だからといって、企業トップの立場にいる以上は、自ら技術開発の現場に立つわけにはいかない。では、どのようにして社長プロジェクトを引っ張っていったのか？

この疑問だけは、いくらプロジェクト関係者に聞いても、彼らが残した資料を読み込んでも、もうひとつ理解できなかった。

なにしろ岩間は、トランジスタ開発にあたっては自ら先頭切って動いたのだが、このCCDプロジェクトに関しては開発の現場にいるわけではない。定期的にやって来ては、部下の報告を聞き、いくつか質問をして帰ってしまう。

プロジェクトメンバーにしてみれば、「最後の責任はオレが取る」と頼もしいことを言ってくれるが、開発進行に関しては厳しいだけの人、ということになりかねない。そしてついには「他社と共同プロジェクトを組まないとできないだろう」と、思い付きのようなことまで言い出すとなると、いったい岩間の頭の中はどうなっているのか不思議だとしかいえない。

そう考えているうち私は、昭和五十年のプロジェクトメンバー組換え事件から始まって、「ソニー三十周年までにカメラを発表するぞ」事件、そして日立や日電との突然の共同プロジェクト事件、さらには「開発やめてもいいよ」事件まで、ある共通点が存在することに気がついた（あえて、すべてを事件と呼ぶ）。

岩間が一見無謀なことを言うと、それが切っ掛けとなって停滞していたプロジェクトが前進するのである。

メンバー組換え事件では、CCDの構造研究に集中しすぎる研究所員に対し、生産を前提としたプロセス技術を持つ厚木工場メンバーをぶつけることで、産業製品としてのCCDカメラを作ることを再認識させている。

また、ソニー三十周年記念のCCDカメラ発表としては、結果的に失敗に終わっている。だが、目の前に暫定ゴールを設定されたことで、急遽解決しなければならない基本的問題が整理された。

それは回路を描く写真工程から、酸化膜や結晶のキズ、これらを解決する新しいプロセス技術と、ＣＣＤ技術の全般にわたった。もちろん解決にはほど遠かったが、改めて基本からチェックしたことによって、プロジェクトの姿勢と勢いが正されたのは間違いない。八万画素や十二万画素のＣＣＤが具体的な形を持ち始めただけでなく、三枚のＣＣＤを搭載した試作カメラまでが姿を現している。

依然として傷だらけの画像で見られたものではなかったが、何とか人に見せることができるＣＣＤカメラにするんだという、共通認識がプロジェクトの推進力になったのは間違いないだろう。

しかし開発が進めば進むで、予想される製品のコストパフォーマンス評価が周囲から沸き上がってくるものだ。厖大な開発研究費をかけながら進捗度は悪過ぎるし、完成したとしても既存機能との間に競争力があるのか、といった疑問が出るのは避けられない。

ここで岩間が自らに課したのが「ポーカーフェイス」で、問題視する井深・盛田や陰口にまで知らん顔をすることで、プロジェクトとそのメンバーを守っている。

そうはいっても企業としての研究開発だから、プロジェクトの当事者にもコストパフォーマンスや製品競争力といった認識を持ってもらわないと話にならない。

　そこで取った岩間の戦略が、強豪・半導体他社との共同開発の提案であった。最初に相手として指名した日立は半導体メーカーの最大手で、ソニーがほとんど手をつけていないMOS・LSIに関する技術を豊富に持っている。大雑把にいえばMOSはCCDと同じ超高密度半導体だから、デバイスとして性能的にも利用分野においても競合する可能性が強い。しかも日立は広範囲な半導体技術の持主でもある。

　そんなメーカーに共同開発の話を持ち込んでも、まともに相手をしてくれるとは考え難い。事実、両社の会議で出た議論としては川名の記録によると、

「ソニー側はCCD撮像素子が最も将来性のある撮像素子であると主張したのに対して、日立側はMOS型の撮像素子の方が将来性があると主張した。MOS型の方が構造が単純でMOS・LSI共通の技術がそのまま使える利点を強調し、ソニー側の提起したS／Nや固定雑音の問題は、回路技術で改善できると反論した」

　こんな具合に食い違いっぱなしで、共同開発の話は進展がないままとなった。

　しかし実際には、これで岩間の意図したところは達成されたと思われる。彼はプロジェクトを「外の風に当てた」のである。

日立とのやりとりにもあるように、CCDという撮像素子の機能はMOS・LSIでも実現できる部分が多い。そのため、古くから半導体技術を継承してきたメーカーであるならMOSへの展開を選ぶ方が、ある意味で自然なのである。

日立につづいて「NECと共同でやれ」といったのも、外の風に当てたという点では変わらないが、こちらはさらに状況が厳しい。

NECも最大手の半導体メーカーで、強力な半導体プロセス技術を持っているが、ソニーが各種の半導体の供給を受けている関係から両社の関係は良好だった。しかも、NECでもCCDの開発を行っている。

こうしたことからソニーのプロジェクトメンバーとしては、「企業関係としても技術的にも組みやすい相手だから共同開発を進めろ」というのが岩間の意図だったと理解したフシがある。

しかし、NECサイドから考えてみれば分かるように、特許面などで共同開発のメリットが出れば別だが、その他には共同でやることのうま味は少ない。しかも、ソニーがNECの半導体プロセス技術を求めているのが明瞭なだけに、話そのものに乗る積極的理由を見つけにくい。実際、NECとは具体的な会合も持たないまま話はウヤムヤになってしまった。

じつはここで岩間が意図したのは、「自分たちが手掛けていることは他社もやっていると思え」『彼らの方が自分たちより優れた技術を持つ可能性もある」という単純な事実を体感させることだったのではないか。やる以上は、早く、優れたものを、という覚悟を忘れるなというわけである。

つまり問題になってくるのは、ソニーにとってCCDは独自技術による偉業だとしても、本当にMOS型の素子より優れた製品になるのか、他メーカーのデバイスと比べて市場競争力を持てるのかの見極めである。

こればかりは研究室に籠もっていては分からないし、かといって製品の姿が固まってからでは遅すぎる対処になりかねない。

だから、相手企業に自分たちの手の内を知られることも覚悟で、CCDが半導体世界の中で占める位置をきちんと確認しておけ、というのが岩間の考え方だった。それなしに、ソニー社内にCCD開発への批難があるなんていうのは甘ったれだ。我々は今、傍から見て無謀なことをやろうとしているのだから、その背景を明確に摑んでおけというのが他企業との共同開発話だった、と思われるのである。

ここまでくれば、後は自分たちの技術に対する徹底した拘りと情熱しかない。

「やめてもいいよ」といわれて、じゃあやめますなんていう開発を、お前たちは決してしてないよねと最後に釘を刺したのである。もちろん、続けるなら最後までオレ（岩間）の責任で進めるからな、とのサインが間違いなく彼の全身から出ていたに違いないのだが。

実際、この苦難の昭和五十二年も終わろうとする頃になって、十二万画素のＣＣＤ撮像素子の「抜け」が良くなってきた。

川名が持ってきた猫の目が輝いて見える画像の写真を一瞥して、岩間はポツリとひとこと言った。

「ようやく、できたな」

第10章

ソニーに残った岩間の遺志

厚木に移してよ

昭和五十三（一九七八）年の二月初旬、年明け初の中央研究所訪問となった岩間は、新たに開発された十一万画素のＣＣＤを三枚使った「三チップ型ＣＣＤカラーカメラ」を目にした。カメラ状にまとまった姿ではなくバラック的な組立状態だったが、三枚のＣＣＤの組み合わせ方を工夫したこともあって、解像度もしっかりしていたし色合いも問題なかった。

「新聞発表をやれ」と岩間は静かに命じた。

もちろん、ＣＣＤ搭載カラーカメラとしては日本初の開発発表である。アメリカでは白黒ＣＣＤカメラが商品化されていたが、軍事用カメラとしての利用で画質も劣るから、ＣＣＤカラーカメラとしては世界初の快挙といってよい。

記者発表は三月九日、ソニーにとっても最大級の製品発表の証として、ソニー会館内で岩間社長自ら冒頭の挨拶を行う、という型式で催された。

定刻、岩間はマイクの前にたって挨拶を始めた。

そのときの様子がソニー社内の映像記録として残されているのだが、岩間の語り口はまさに訥々といった感じで、およそ社長プロジェクトの成果を自ら高らかに発表する大社長といった姿からは程遠い。

昭和53年（1978）、岩間（中央）自ら冒頭挨拶したCCDカメラの記者発表

話の内容も以下のとおり具体的なもので、誇張とか華やかさといったものを嫌うかのような雰囲気さえ持っている。

「えー、このCCDカラービデオカメラはいわゆる半導体を使った、いわば『夢のカラーカメラ』といわれるものです。

私自身、これに対して非常な思い出がありまして、これに注目しましたのが一九六九（昭和四十四）年だと思うのですが、アメリカのベル研究所でした。

そのベル研でCCDの発見者であるドクター・ボイルが、プリミティブな素子を使ったビデオフォンの実験をやっていました。要するに、電話にビデオを付けるためにCCD素子を使った実験をやっておったのですが、私はこれを見て非常に感銘を受けたのを覚えています。

これは半導体のひとつの究極点であるし、半導体は映像を自分で感じて送り出す機能を備えているという点に、感銘を受けたわけでございます。

当社が着目したのは七一年からで、ボツボツといろいろな調査をやりまして、七三年にわが中央研究所のトップテーマといたしました。爾後五年間、中研で一番大きなテーマでして、研究費にしましても、人・モノにしましても相当な量を投下いたしました。

今回お見せするのは商品じゃございませんが、一応の区切りの段階に来たということでご紹介するわけでございます」

ややうつむき加減のまま淡々と、言葉に抑揚はないが内容はしっかりと聞き取れる、まさに岩間調といえる説明である。

ちなみに付け加えれば、その後で菊池誠研究所長がCCD「つまりチャージ・カップルド・デバイスとはですね……」と説明を引き継いだのだが、その解説ぶりに菊池の方がずっと偉い人のように見えたのは私だけなのだろうか。

翌三月十日の新聞各紙が揃って「ソニーCCDカメラを開発」との見出しで大々的に報

じたのは、もちろんのことである。

この記事によって、日米両国の半導体関係者などからさまざまな反応が出たのだが、当時の様子を物語る格好のエピソードをひとつ紹介したい。ちなみに以下の内容は主に、プロジェクトの主要メンバーの一人として、緊張のなかで新聞発表を迎えることになった川名の記憶による。

ソニーが記者会見のときに配った発表分の中に、CCD開発にあたっては「VLSI技術を用いている」という言葉があり、多くの新聞記事の中でも紹介された。ところが、この表現に関して通産省の担当官からクレームがついた。

その当時、通産省主導による官民共同プロジェクトとして「超LSIプロジェクト」(昭和五一〜五四年度)が活動していた。NEC、東芝、日立、三菱電機、富士通といった、半導体・コンピューターの主要メーカー七社が通産省の下に集まって、LSIなどの半導体の集積度を上げるための技術と、その製造技術の開発に関する共同研究を行う場となっていた。文字通り「超」がつくほどの集積度を持ったLSIの実用化を目指し、日頃のライバルが一堂に会して研究する国家プロジェクトで、研究費総額七百億円という規模を誇っていた。

このプロジェクトがまさに成果を出しつつある時、プロジェクトメンバーでもないソニーが単身で開発した半導体（ＣＣＤ）が「Ｖ（超）ＬＳＩ技術による成果」だと発表したのだから、プロジェクトの旗振り役である通産省としては面白くない。

通産省の担当官から「このＣＣＤは何ミクロンルールで作られているのか」との質問が飛んできた。どれほどの「超ぶり」なのか、説明してみろというわけだ。これに対して川名はこう主張したという。

「超ＬＳＩというのは単に設計ルールをいうのではありません。集積度が非常に大きいＣＣＤはそれ自体が超ＬＳＩであり、特にプロセスに起因する欠陥をなくすには極めて高度の洗浄技術が必要で、これも超ＬＳＩ技術といえるでしょう」

会社に戻った川名は、さっそく岩間社長にこの件を報告した。すると岩間は顔色ひとつ変えることなく、こう言葉を返してきたそうだ。

「そういうことは、しっかり主張しなけりゃいかんぞ。大事なことだ」

相手が政府だろうが、どんなに強力なライバルだろうが、岩間のフィロソフィーからいえば「いうべきことはいう」だけのことなのである。

ちなみに当時の技術状況からいえば、ＣＣＤはアナログ・デバイスでＬＳＩはデジタル・デバイスとなる。このため一見では異なる局面にあるように思われるが、半導体デバイスの超微細加工技術という点では変わりがない。

つまり、CCDの開発ではソニーが先陣を切っているのは間違いないが、他メーカーにも自らの技術によってCCDを作るだけの潜在的技術力はじゅうぶん備わっていた。事実、この「超LSIプロジェクト」をきっかけとして、日本は世界に誇る半導体王国へと駆け上がることになる。

このため、ソニーのCCDカメラ発表を聞いて多くのメーカーが、ソニーに追いつけ追い越せとばかり撮像素子開発のスピードをアップさせた。その一方でCCD技術の本家だったはずのアメリカでは、ソニーの成功を聞かされても開発への熱意が盛り上がらなかった。この違いによって、CCDビデオカメラにおける日本の圧倒的優位への道がスタートすることになったのである。

さて、事態が動き始める時の岩間の行動は、傍が驚くような展開を見せる。五月の連休明けに中央研究所に出向くと、所長の菊池が仰天するような指示を出した。

三十年ほど前のそのシーンを、菊池は昨日のことのように覚えているという。

「CCDの性能も上がって、映像のキズも十〜二十くらいに抑えられる段階になっていた。

ほとんど批評なしに現場を見て回って、所長室に戻った岩間さんは椅子に座りながら『コーヒーちょうだい』といって口を付けたんです」

それを一口飲んでから、

「厚木に移してよ。二週間で、ね」

CCDプロジェクトを丸々、厚木工場に移せというのだ。

晴天の霹靂に見舞われた菊池が呆然としていると、さすがに唐突だと思ったのか、ひとこと付け加えた。

「中研では、ここまででよいでしょう」

ここまでといわれても、研究所としてはやることがまだ山ほどあるし、移すとなれば開発時間のロスにもなる。そういう菊池に、岩間はもうひとことだけ足した。

「中研には研究のエキスパートがいる。けれども、物を作るエキスパートは厚木の半導体事業部にいる。ここまできたら、モノにする準備に入らんと、ね」

これだけいうと帰り支度を始め、玄関で振り返ってこう言い放った。

「これ以上ここに置くと、かえってダメにしちゃうから……頼んますね」

後になって菊池が理解したのは、これこそが修羅場をたびたび経験した研究開発リーダーの、身についた判断といえるのではないか、ということだった。

物を作る仕事と研究をする仕事を比べてみると、その内容もやり方も、やっている人の価値観もかなり違う場合が多い。研究サイドにいる人間は無限に理想像を追いたくなるときがあり、経験を積み重ねるという物の仕上げかたに対して敬意をもたないことも多い。

一方、物を作って仕上げる側からすると、理屈に走ってばかりいて物の形にまとめる能力がない、という目で研究者に不満を持つことがある。

このギャップを調整しながら、全く新しいコンセプトの商品を仕上げるには、この「受け渡し」の妙を生かさなければならない。物理学者的な研究者としての理論をもちつつ、産業人として生産技術面での優れたセンスを持つ、岩間ならではの判断力であったというのが菊池の結論だったという。

「技術開発」に成功したからといって、現実の「商品生産」に直結するとは限らない。理想の技術を追うことは大切だが、技術を形にまとめて消費者に手渡すことこそが企業の役割だというわけである。

「二週間で」という指示に従って急遽、中研から厚木工場へとプロジェクトに付いていく形で異動する者の選択と、工場でのパイロット・ラインの設計と建設が開始された。

十月にはすべての準備が整い、十一月にはＣＣＤのプロセス担当部門が、十二月にはＣＣＤ設計とカメラ開発担当グループも、あいついで中研から厚木に移った。そして翌五十四年早々までには一切の業務が厚木に集結したのであった。

「この試作ラインの良いところは、すべてのプロセスがこのラインの中で実行できることであった。この常識的に見えることが、いままでそう一般的ではなかった。例えば、イオン・インプランテーション装置などは高額なものであるし、色々なデバイス開発のために使用するというのが常であった。しかし、このＣＣＤラインはすべてのプロセスが、その中で実行できるよう用意されたのである」と川名は述べている。

こうした環境づくりひとつみても、岩間の並々ならぬＣＣＤへの情熱が伝わってくるではないか。

ＣＣＤ、ジャンボジェットに乗る

それを外部までが感じたわけではあるまいが、ラインができて半年も経たない頃、全日空からソニーの産業用ビデオ機器担当部門にカラービデオ・カメラに関する提案があった。

「ジャンボジェットのボーイング747での乗客サービスとして、離着陸時や飛行中の景色を客室内のテレビで放映したい。カラービデオ・カメラを搭載して撮影することができないだろうか」

ボーイング747のコックピットは、その機体の大きさから想像するよりずっと狭い。しかも、車輪にもカメラを付けることで離着陸時の迫力を伝えたいともいう。

こうした軽量コンパクト志向に基づく要望こそが、撮像管を使った従来タイプの大型カメラでは実現が難しく、CCDを撮像素子とした小型カメラ・システムのデビューに相応しい。サイズ以外にも、振動や温度に耐える構造であること、太陽光がレンズに直接入っても受光面が焼きつきをおこさないこと、などの条件にも固体素子であるCCDは優れている。

全日空からの打診内容を聞いた岩間は、すぐに決断した。

「これは大事な仕事だからな」

例によって、余計な内容を何ひとつ含まない言葉によって、是が非でも成功させるようプロジェクトメンバーに伝えたのであった。

このときあった製品は商品化されたばかりの十二万画素のCCDだが、詳細な画像を提供するには能力が不足していた。

この十二万画素のCCDとは、いったいどのような構造なのか、ちょっと触れておくことにしたい。

当初からCCD開発に関わってきた越智成之は、彼の書いた論文を集めた「CCDの素子構造と撮像方式の研究」で、水平方向（H）二百二十六画素×垂直方向（V）四百九十二画素からなる、撮像素子としてのCCDを、つぎのように紹介している。

「三分の二インチ光学系フォーマットにより、有効画面寸法は8・8ミリメートル（H）×6・6ミリメートル（V）であり、これより上記画素数では、受光単位画素寸法は36マイクロメートル（H）×13マイクロメートル（V）で、受光面積は60平方マイクロメートル、全体のチップ寸法は10・3ミリメートル（H）×9・1ミリメートル（V）となった」

つまり、タテ約十ミリ・ヨコ約九ミリのシリコンチップの表面に、ヨコ方向に二百二十六個ずつ・タテ方向に四百九十二個ずつ、ビッシリと受光用の「窓」が並ぶ。

このため窓ひとつのサイズとしては、ヨコが千分の三十六ミリ、タテが千分の十三ミリという微小面積となっている。それぞれの窓が、画像を構成する最小の点（画素）となって、電極と結ばれて映像信号を作り出すことになる。

しかし、テレビ画面で映像を見ることを考えれば、三十〜三十五万ほどの画素数が必要だから、この程度の細密さでは使用に耐えられない。加えてＣＣＤ製造の「歩留り」も、民生機器の生産を始めるには低過ぎる状態が続いていた。

「逆にいえば、この全日空プロジェクトはひとつのチャンスだ」と岩間は思った。

「エアバスに搭載するだけの量だから、歩留りの低さは何とかカバーできる。しかも航空機で乗客が見るとなれば大きな宣伝効果があるし、意外なＣＣＤの使い途として評判になる可能性も高い」

十二万画素では十分な画質が得られない上、その十二万画素ＣＣＤでさえ歩留りが悪くて注文をこなせるかどうか分からない。そんな弱気な意見に岩間は、いつものフィロソフィーをもとにこういった。

「ターゲットが決まって具体的な商品イメージができれば、開発は猛烈な勢いで加速して突っ込んでいくものだよ」

じつは、この昭和五十四年六月に「ウォークマン」が新発売となり、若者層中心に爆発的人気を得たのだが、この商品コンセプトが誕生したのは同年二月のこと。「音楽を外に連れ出して楽しむ」再生専用機をとの井深の注文に四カ月足らずで商品化している。だったら、お前たちもやるべきだろうというのが、例によって口には出さない岩間の本音ということであろう。

こうしてＣＣＤ「ＩＣＸ００８」を二枚使ったカラーカメラ、それも航空機用として信頼性が高く、電波漏れなどもない製品の開発が始まった。ＣＣＤ一枚では解像率が低くても二枚使えば、単純計算では二倍の詳細度が得られるという発想で作った、二チップ方式カラーカメラの商品設計の第一号であった。

ＣＣＤプロジェクトが組まれてから実に八年、このときまでに使ったＣＣＤ開発費は当時の金で、何と二百億円といわれる。

そして翌五十五年の一月、ついに世界初のＣＤＤカラーカメラが誕生して全日空のジャンボ旅客機に搭載され、離着陸の様子を機内のスカイビジョンに映し出した。その初フライトの様子はテレビのニュースでも扱われたという。

これのテストとして離着陸を映したテープを私は見たのですが、と菊池は語る。

「ＣＣＤカメラの映像にはキズがひとつもない、しっかりとした色調のよい絵が出ていました。着陸で脚がドスンとついたショックにも、カメラからの絵に何のチラツキも与えない。ＣＣＤからこんな完全な画像が出てくるなんて信じられない、というのが私の実感でした」

この成功によって一月二十五日には、

「世界初のＣＣＤカラーカメラ『ＸＣ-１』を商品化し、全日空のボーイング７４７への搭載が決定」

とのプレス発表が行われた。

撮像管を使った従来型カメラの大きさと比べると「ＸＣ-１」は十五分の一の容積しかないという小型サイズとなった。

昭和55年(1980)、全日空機に搭載され、機外風景をうつしたCCDカメラ

品川のパシフィック・ホテルで行われた記者会見では、岩間が冒頭で挨拶を行った後、プロジェクトの発端となった越智と、プロジェクトを牽引してきた川名を、記者団に紹介している。およそ人を褒めることのない岩間にしてみると、この二人の功労者に対する最大級の労いであったのは間違いない。

このCCDカラーカメラ搭載ジャンボジェットが、実際に就航したのは六月のこと。そして七月には越智がアメリカのシカゴで、CCDデジタルカラーカメラについて学会発表を行った。さらに同じ七月、CCDカラーカメラを搭載した「ビデオムービー」の試作機を公開している。

CCD撮像素子を搭載したカラーカメラと、8ミリ幅のテープを使うビデオカセットレコーダーが一体化したもので、総重量は約二キロ。それまでのポータブル・ビデオシステムはカメラとベータマックスをケーブルで結んだもので十キロもあった。マッチ箱大のカセットテープで二十分の記録ができるという点でも、当時としては画期的な製品だった。だからといって、これでもうCCDの将来に明るい光が射したも同然、とまでいえるような状況ではなかった。

岩間の残したもの

ソニー広報センターが著した『ソニー自叙伝』によると、

「この頃のCCDの歩留りは非常な低さで、コンマいくつかのレベル、つまり数百個作って一個合格するといった具合だった。十三機分のCCD計五十二個を作るのにまる一年かかり、一個だけで三十一万七千円という超高値がついた。（岩間が目指す）五万円のカメラどころではない。

『とても歩留りとは呼べない。出現率と呼んだほうがいいな』と担当者たちを唸らせたほど、ひどい歩留りだったのだ」

昭和57年（1982）、岩間はCCD技術の行く末を見届けぬままに逝去。享年63

最大の敵は肉眼で見えない数千分の一ミリのゴミやホコリである。これらを解決して、十九万画素から二十五万画素へ、さらに高画素数へと性能を上げていかねばならない。九州のソニー国分セミコンダクタの工場では、五十七年にCCD量産ラインを完成させ、その翌年から稼動するという予定もある。ここでCCDの量産が始まれば、いよいよ岩間が目指した「小型のカメラ一体型VCR《ビデオ》」の登場が見えてくる。

「ムービーもいいけどスチルカメラをやらんといかんよ」との岩間の言葉によって、名刺サイズのフロッピーディスクに五十枚の画が撮れる「マビカ」の開発も発表済みだ。

これからが生産技術の見せ所である。五十六年三月には、岩間は社有ジェットのファルコンを駆って国分工場の視察へと向かった。ヘルメット姿で量産工場の建設現場を回っただけでなく、全景を見たいと町外れの丘にまで登るという勢いだった。

その直後、「どうも身体の調子が……」と珍しく弱音を漏らしていた岩間に、がんが発見された。大腸がんであった。

五十六年秋に手術を受けて一度は社長業に復帰し、春には厚木工場への視察にも出たのだが再び入院せざるをえなくなる。

そして五十七年三月に厚木工場を訪れたのが最後の半導体現場訪問となり、八月二十四日に帰らぬ人となった。

ちょうどこの頃、岩間の指示によって初めてのCCD専用量産ラインが国分工場に建設されていた。同年五月にラインは完成したものの、歩留りの悪さからいかにして抜け出して、実質的な量産工場としての実績を示すかが試されている最中の出来事であった。

そして厚木工場では、ＣＣＤ開発によって獲得した技術をもとに改めてＭＯＳ・ＬＳＩの生産に打って出るため、試作開発ラインの建設計画が進んでいた。これももちろん、ソニー半導体の将来を思った岩間プロジェクトの一環であった。

また肝心のＣＣＤ関連では、一枚でじゅうぶんな性能を発揮する「ワンチップ・ＣＣＤカラー・ビデオ・カメラ」の開発が急がれていた。

病床にいてもそれらの報告を求めるほど、半導体プロジェクトの行く末に心を砕いていた岩間だったが、ついに完成した姿を見る前に逝ってしまった。享年六十三歳、企業トップとしてあまりにも早過ぎる死であった。

数多くの心残りがあったに違いない。

しかし岩間の意志と情熱は、半導体技術の現場に当然のように生き続ける。

五十九年には二十五万画素の量産に入る。千分の一ミリ幅で受光パターンを描くという超ＬＳＩ技術によるもので、世界的な本格的量産デバイスとなった。このＣＣＤ「ＩＣＸ018／021」が商品化されたことで一チップ・ＣＣＤカラー・ビデオ・カメラ開発の準備が整い、翌年には最初のカメラ一体型8ミリＶＴＲ「ＣＣＤ-Ｖ8」となって世に出る。続いて九月には「ＣＣＤ-Ｍ8」が発売され、カメラ一体型の小型ビデオ「ハンディカム」

時代の幕が開くことになる。

また放送用カメラも撮像管から固体撮像素子CCDへの転換によって、機能と使い勝手が大幅にアップする。ソニーが放送用・産業用ビデオ機器で圧倒的な優位を占めるようになっただけでなく、テレビを代表とする映像メディアの大いなる発展をうながしたのであった。

そして現在、CCDはビデオカメラ、デジタルカメラ、携帯用カメラ、コピー・FAXなど多くの光学機器の「眼」として世の中に欠かせない。今や、その生産台数は年間で約五・六億枚という厖大な数にのぼる（平成十七年経済産業省生産動態統計による）。こうした技術展開を意識しなくなったということは、それだけ我々が日本の高度エレクトロニクス技術に浸り切っている証拠でもある。

ソニー六十周年を迎えた平成十八（二〇〇六）年は、岩間没後二十四周年でもある。

岩間の後を継いで第五代社長となった大賀典雄は、岩間の業績と技術にかけた情熱を後の世代にも伝えるため、彼の墓石にCCDを贈った。この姿に象徴されるように、ソニーが続く限り、いや日本の産業立国が続く限り、岩間和夫の名前は記憶され続けねばならないだろう。

エピローグ

　昭和六十一（一九八六）年、ＮＥＣのＣＣＤが日本ビクターのカメラに採用されて登場すると、いよいよ本格的なＣＣＤの開発競争が始まることになった。ソニーのカメラ一体型８ミリＶＴＲ開発も「ＣＣＤ・Ｖ８」の後、より小型より高画質にとチャレンジが続く。当然、ＣＣＤも二十五万画素の次は三十八万画素へと、ハードルはどんどん高くなっていった。

　こうした中で他のカメラメーカー向けのＣＣＤ販売も伸び、昭和六十三年十月にソニーのＣＣＤ生産量は累積五百万本を達成している（ちなみに累積生産量一千万本は平成二年に記録する）。

　この同じ六十三年に、「故岩間和夫社長・越智成之とそのグループ」は、ソニーの技術者として最高の栄誉である社内表彰の井深賞を受賞する。理由はもちろん「ＣＣＤ撮像素子の開発及び商品化に多くの顕著な貢献をした」ことによる。

これを記念して「故岩間社長に捧ぐ」とする記念誌『夢を　ソニーCCD18年のあゆみ』が関係者の手によって出版された。その冒頭の「発刊に寄せて」で、井深大名誉会長（当時）は次のように書き出している。

「私ども〝物の開発〟ということに関しては、時には相当無鉄砲に、また思い切って取り掛かっていったことが、これまでしばしばありました。しかし何といっても、当社としていちばん大きな開発を行ったのは『CCD』だと思うのです」

開発着手にあたっては、いつかはやらなくてはならないから、開発投資が必要なことが分かっていた。しかしその反面、盛田昭夫会長（当時）をはじめとして皆が、はたしてこれだけ大きな開発をやって本当によいのか心配していた、と述べる。

そしてこれに続けて井深が語った内容が、〝岩間のやってきたこと〟を改めて知るための大いなる手掛かりとなる、興味ぶかいコメントなので是非読んでいただきたい。

「しかも、当社がCCDというものの開発に着手しようとした時期は、世の中の進み方に比べて桁外れに早かったのです。スタートの時期が早過ぎたかもしれないということは、それに付随するいろいろな技術が世の中に存在していない分、全部これを自分たちが背負っていかなくてはならないということでした。悪い歩留りを経験し、自分たちの犠牲において、また自分たちの努力によって、世の中でこれから開発されなくてはならない技術といったものまでも作り出していかなくてはならない。そういったことが多々あったということなのです」

たとえば、こういうことである。

まず半導体部品の主役であるシリコン結晶に関しては、それ以前の電子部品としては問題にさえならなかった品質が、ＣＣＤ開発では突然「欠陥」として浮上してくる。またＣＣＤを高解像度の撮像素子とするには、千分の一ミリ単位という微小なパターン作成が欠かせないが、そんな既存技術を持ったメーカーは存在しないから、ＣＣＤ製造システムを作るための製作機器から出発せざるをえない。

千分の一ミリ単位の作業が可能な製造システムができたとしても、その品質を評価する工程では、もう一桁細かい一万分の一ミリという誤差を判断する機器がほしい。さらにＣＣＤでは光を電気に変える能力が重要だから、信号電流の振るまいを調べるコントロール機器も自作する他なくなる。

井深がＣＣＤ開発に際して「それに付随する技術が存在しない」「これから開発されなく

てはならない技術までも作り出していかなくてはならない」と述べているのは、こうした何の環境も整っていない中で新技術を生み出すことの困難さである。

特に本書のテーマでもある半導体ともなると、シリコン結晶という遥か上流（原料）から、魅力ある商品という下流（最終製品）まで、延々たる技術の流れを正確に先見しない限り成功はありえない。

その点で、ソニーが戦後の何もない時代にトランジスタ・ラジオに取り組んだのは、井深の言うように「相当無鉄砲」でしかない。また、自社にまともなＬＳＩ技術さえないのに、その上の超ＬＳＩであるＣＣＤ開発に手をつけたのも「思い切って」どころか無謀そのものである。

それにもかかわらずこれらが成功に終わったのは、ソニーの研究開発陣と製造技術の現場に「安心して開発に熱中できる」環境があったからである。東京通信工業の時代から技術を重視する企業だったことは認めるにしても、「筋の良い商品の開発に没頭できる」という技術環境あってこその結果だと、私には思える。

そうした〝技術の概念〟の確立に生命を賭けるとともに、「技術のソニー」の象徴的存在ともなったのが、第四代社長のまま逝った岩間和夫という男であった。

「岩間さんの言動を見ていると、この人には開発が成功することが分かっているのではないか、とまで思えてしょうがなかった」と語ってくれた人が多い。

開発が思うように進まなければ、部下に「なぜうまくいかないんだ」と真顔で聞き、改善されればされたで「進展した原因はどこにあるんだ」と、喜ぶどころか淡々とたずねる。たとえ目標を達成しても「やっと、だな」としかいわない。

まさに岩間がモットーとして書にも残した「自信を持って進む」姿そのものだった。

個人的な会話となると、せいぜい「お前、もう自動車の免許取ったのか?」「お前の息子、いくつになった?」といった程度なのだが、声を掛けられたというだけで緊張してしまったと、かつての部下たちは語っている。

こうしたトップにスタッフが嬉々としてついていくのは、その指示を実現すれば必ず正当な成果が得られるという、確固たる技術環境を岩間自らが創造し、実践してきたからに他ならない。

事実、トランジスタ開発にみる〝神話〟から始まってCCDまで、岩間は並いる半導体メーカー技術陣の先頭に立つ実績を残してきた。井深的にいえば、ふつうなら躊躇する〝無鉄砲な〟開発を平然とこなしてきた。その実績を横目に見て〝必要技術や付随技術〟を知った多くのメーカーが次々と開発競争に参戦したことで、日本のエレクトロニクス王国化が果たされたことを考えれば、まさに半導体技術を導いた神様だといっても過言ではないのである。

いまIT（情報技術）の時代になってみると、半導体など具体的な技術がネットの中に溶け込んでしまった感じで、モノ作りへの社会の関心も興味も希薄となった。しかし当然のことながらモノが介在しない文明などありえないわけで、その意味においては岩間的な存在が過去のものであってほしくない。

岩間和夫がソニーを作った三番目の男であったように、技術は必ずトップランクで意識されなければならないと思う。だからこそ、望ましい社会を作るためには技術に対する正しい評価と、それを育てる情熱は常に用意しておきたい。私が本書を著したのも単なるノスタルジアではなく、これからの日本にこそ何人ものイワマが必要だと考えたからである。

ある時は技術現場で開発の最先頭に立ち、ある時は開発スタッフの横で共に悩み、またある時はメンバーを叱咤激励しつつプロジェクト遂行のための防波堤となる。岩間が「やれ」といえば、それまで動きようがなかった難局でも皆が一斉に張り切る。「止めてもいいぞ」といえば、諦めてなるものかと緊張を倍加させて取り組み直す。

素晴らしい技術だと思うなら、それを製品化してソニーの商品としてみろ。可能性は認めるが商品化には早すぎるとか、もっと安易な構成でも商品化できるといった、オレの哲学に反するようなことをしない限り、オマエの立場は徹底して護ってやる……決して言葉には出さないのだが、岩間は自分の生きる姿をもってこう語り続けたのである。

ソニーには、トランジスタ・ラジオ、トランジスタ・テレビ、トリニトロン・カラーテレビ、ウォークマン、ベータマックス、そしてCCDビデオカメラと、数多くの開発神話が残されている。これらは、井深大の類まれなモノ作り力によって発想され、盛田昭夫の天才的なビジネス能力によって世界的存在となったのは間違いない。

しかしそれもこれも、岩間和夫という「技術との真剣勝負に一生を賭けた男」がソニーにいたからこそで、彼なくして現在のソニーがあったとは私には思えない。これからも世界のソニー、技術のソニーであり続けるために、第二・第三の岩間和夫の誕生が熱望されるゆえんである。

本書は、月刊誌『W・i L L』の二〇〇五年一月号から二〇〇六年二月号まで十四回にわたって連載された「ソニーを創ったもうひとりの男」を元に、大幅な加筆と再構成を行うことで完成をみた。

雑誌連載にあたって、さらに書籍化にあたっては、じつに多くの方々から情報や資料（そしてお叱り）をいただいた。本来なら全員の氏名を列挙して感謝の意を表すべきだが、ここでは主要テーマ関連でインタビュー取材を受けていただいた方々のみを紹介しておく。

岩間菊子（岩間和夫夫人）、盛田正明（元ソニー副社長・盛田昭夫の末弟）、菊池誠（元ソニー中央研究所長）、卯木肇、越智成之、加藤善朗、金田嘉行、川田史子、川名喜之、小寺淳一、高橋勝正、高橋昌宏、橋本綱夫、樋口晃、堀建二（敬称略および順不同）

ところで一連のインタビュー取材に関しては、ノンフィクションライター吉田茂人氏の助けを得た部分がある。また取材先のアレンジや各種資料の収集にあたっては、ソニー広報センターに大変お世話になった。改めて御礼を申し述べたい。

主な参考文献

「ソニー自叙伝」ソニー広報センター／ワック出版
「日本の半導体四〇年」菊池誠／中公新書
「夢を　ソニーCCD18年のあゆみ」ソニー株式会社半導体事業本部
「CCD開発の父」川名喜之（私書版）
「CCDの素子構造と撮像方式の研究」越智成之／東京工業大学
「私の履歴書」井深大／日本経済新聞社
「ソニーを創った男　井深大」小林峻一／ワック出版
「MADE　IN　JAPAN」盛田昭夫／朝日新聞社
「21世紀へ」盛田昭夫／ワック出版
「SONYの旋律」大賀典雄／日本経済新聞社
「井深流物作りの神髄」加藤義朗／ダイヤモンド社
「日本半導体50年史」半導体産業新聞／産業タイムズ社
「エレクトロニクスを中心とした科学技術史5」城阪俊吉／日刊工業新聞社
「日本の半導体開発」大内淳義・西澤潤一／工業調査会

「ドキュメント日本の半導体開発」中川靖造／ダイヤモンド社
「ドキュメント日本の磁気記録開発」中川靖造／ダイヤモンド社
「チップに賭けた男たち」ボブ・ジョンストン／講談社
「にっぽん半導体半世紀」志村幸雄／ダイヤモンド社
「電子立国日本の自叙伝」（上・中・下・完）相田洋／日本放送出版協会
「半導体を支えた人びと」鳩山道夫／誠文堂新光社
「トランジスタ開発物語」中野朝安／東京電気大学出版局
（特に菊池誠「日本の半導体四〇年」と川名喜之「ＣＣＤ開発の父」および「ソニー自叙伝」「夢をソニーＣＣＤ18年のあゆみ」からは多くの情報とヒントを得た。それぞれの筆者には改めて御礼を申し上げる）

※この本は二〇〇六年六月に当社より刊行された単行本
『ソニーを創ったもうひとりの男 岩間和夫』を加筆修正し、
WAC BUNKO化したものです。

大朏博善（おおつき　ひろよし）
ノンフィクション作家。日本科学技術ジャーナリスト会議会員。早稲田大学在学中から雑誌記者となり、科学雑誌のライターを経て、技術、生命科学系のテーマを中心に執筆活動をしてきた。また、科学技術番組のプロデューサーも務めた。著書に『いま、遺伝子革命』『新幹線のぞみ白書』（新潮社）、『ES細胞』（文春新書）、『携帯電話で脳は破壊されるか』（ワック出版）など著書多数。

ソニーを創《つく》ったもうひとりの男《おとこ》
岩間和夫四代目社長《いわまかずおよんだいめしゃちょう》

2024年７月29日　初版発行

著　　者　大朏 博善

発 行 者　鈴木 隆一

発 行 所　ワック株式会社
東京都千代田区五番町４-５　五番町コスモビル　〒102-0076
電話　03-5226-7622
http://web-wac.co.jp/

印刷製本　大日本印刷株式会社

ISBN978-4-89831-906-2